U0926833

另一种灿烂生活

夏果果　作品

中國華僑出版社
·北京·

图书在版编目（CIP）数据

另一种灿烂生活 / 夏果果著. —北京：中国华侨出版社，2012.1

ISBN 978-7-5113-2058-2

Ⅰ. ①另… Ⅱ. ①夏… Ⅲ. ①长篇小说－中国－当代 Ⅳ. ①I247.5

中国版本图书馆CIP数据核字(2011)第261981号

另一种灿烂生活

著　　者：夏果果
出 版 人：方　鸣
责任编辑：艾　涛
排版制作：刘碧微
装帧设计：棱角视觉
经　　销：新华书店
开　　本：700mm×990mm 1/16　印张：16　彩插：0.25　字数：229千字
印　　刷：三河市汇鑫印务有限公司
版　　次：2012年1月第1版　　2012年1月第1次印刷
书　　号：ISBN 978-7-5113-2058-2
定　　价：29.80元

中国华侨出版社 北京市朝阳区静安里26号通成达大厦3层 邮编：100028
法律顾问：陈鹰律师事务所
发 行 部：(010) 82068999 传真：(010) 82069000
网　　址：www.oveaschin.com
E-mail：oveaschin@sina.com

目录

目录

Chapter 1

现实是梦想的面包屑

生活像个哈哈镜，梦想可以照进现实，但肯定会扭曲变形。要么你哭着像笑，要么你笑着像哭。

每个求职的孩子都是劳力工，技术高超不如力大无穷。不然你连招聘者的脸都看不到。

未来像台话剧，剧本再好，你也未必拉得来投资，更别说回报。但想成角儿，你就得自己不停地演着。

一

上海在关渔面前，展现出立体的一面，是在他到上海六个小时后。

之前，尽管一路上用呕吐的次数计算车程，但在他心中，上海依然几乎是完美的——中国第一大都市，拥有着传奇的历史和无数的机会。

每每如此想时，他心中总是会响起那首熟悉的《上海滩》的旋律，梦想着像许文强一样，豪迈地说：“我要征服上海！”

高考时，因为分数原因，关渔和上海遗憾擦肩，可他内心里从未放弃这个根深蒂固的上海梦。

当父母发现已然无法阻止关渔对上海的幻想时，便决定给他一次长大和起飞的机会。

何况，关渔到上海不是无依无靠——这里有他的舅舅，一个手掌实权的局长。即便未必能为关渔护佑下半生的前程，但帮忙找份工作，给点照顾应该还是在情理之中的。

基于以上种种，关渔奇妙的上海之旅就此进入了命运的筹划中。

到上海的第一时间，关渔就兴冲冲地奔赴舅舅的住处，想着和舅舅来个结结实实的拥抱。

然而，这位“靠山”送给关渔的见面礼却是无人应声的空房子及一连串来不及思考的迷惑和震惊。

302的老头儿看到他找的是303的住户，啐了一口后就消失在铁门后面。

301的年轻人丢给他的答复是，303被双规了。他的脸色让关渔觉得自己跟他是世仇，好像他随时都会跳过来扇自己两个耳光。

被双规！这冷冰冰的三个字，让关渔的大脑顿时缺氧。

深吸了一口气，他淡定地告诉父母这个消息，同时也淡定地表明自己的想法。

他固执地决定留在上海——不相信，靠一双拳头，打拼不出一个未来！

和兰轩儿的第一次见面，在后来的很多时候回想起，都像是一部美国大片的开始。如果关渔不是一个被唯物主义理论武装的现代青年，准会以为自己邂逅了现代版的聂小倩。

当时，兰轩儿在电梯里，披头散发，衣衫凌乱，低着头，发出呜呜咽咽的哭声。吓得关渔连电梯都没敢上。

耐心等到电梯再次上来，关渔发现电梯的角落里留下了一双漂亮的白色女靴。他估计是刚才那个女孩的，在心里给她下了个“神经病”的定义。

夜色降临，星光闪烁，拂过的夜风，让关渔心中顿时舒爽起来。他把行李随手扔在花坛边上，蹲在花坛上想着接下来该何去何从。

兰轩儿就是在这个时候，再次神出鬼没地出现在他的身后，询问关渔有没有电话。

关渔从来没想到，还有借人电话骂街的。不过，电话那头的人显然并没有喜欢被“虐”的毛病，飞快地挂断了兰轩儿的电话。

关渔没来由地替她郁闷了。

一头长发，无关秀美的兰轩儿像一只被踩了尾巴的猫一样，不断地重拨，每一次都像要把关渔破旧的手机上的按键按碎，但是电话再也没有接通过。

兰轩儿跳上花坛，双手叉腰，仰头对着关渔刚刚下来的那栋楼，底气十足地吼道：“你们这些王八蛋！姓范的，你就是一个浑蛋！难怪你叫犯贱，你以为没有你我就世界末日呀？呸！”

大概觉得语言已表达不出自己的愤慨，她顺手将手里的电话，啪地摔在了地上。

关渔那颗心瞬间也被摔得四分五裂，可是看到兰轩儿的样子又不忍发作，就隐忍着怒火，委屈地对兰轩儿喊：“那是我的手机！”

兰轩儿一愣，不好意思地冲他挤出一丝尴尬的笑容，“别担心，我赔你。”

关渔看着兰轩儿从包里摸出的手机，坚决地摇了摇头。关系到原则问题，关某人绝不含糊——自己的手机是充值送的，根本和兰轩儿的手机不对等。再说，一个大老爷们儿，怎么也不能用一个粉色系的Hello Kitty吧，这还不让别人误会自己是个娘炮。

看他推三阻四，兰轩儿有些不耐烦，怪他啰唆，随后拿出眉笔，在他手心和手背写下了自己的电话号码和身份证号码，许诺回头赔给他。

关渔八卦的心悄悄地升腾，小心翼翼地询问兰轩儿到底遇到了什么事儿。

原来，这个泼辣的重庆妹子来寻找自己的亲密男友，怀着给对方惊喜的心情空降上海，遇到的却是男友的未婚妻上门吃饭，合家亲的戏份儿。她一气之下掀翻了对方的饭桌，也掀翻了自己的心。

气氛尴尬起来，关渔讷讷地不知道该如何安慰兰轩儿。

兰轩儿忽然急切地问：“有钱没，借我点，跟手机钱一起还你。”

萍水相逢，素昧平生——关渔摸摸自己的头。

看到他没有回答，兰轩儿翘起了嘴角，轻蔑地说：“怎么，不愿意就算了。”

被激将法击中的关渔从口袋里数出了一千块钱，毫不犹豫地塞进女孩的手中。没有预料中的感谢，兰轩儿径直走到社区门口，拦了辆出租车扬长而去。

靠山山倒，靠水水流，自己这样的落魄分子，还有人来打秋风。关渔摇摇头，如今只好使出自己的撒手锏了——上海还有过去的亲密战友赵洪波。

就凭当初考试赵洪波拿自己当“答题卡”，请家长签字找自己当“临时爹”的交情，他能忍心让自己流落江湖?

二

❤

赵洪波弹了弹手中的一百元钱，露出一个笑容，然后将钱放进了贴身的钱包里。这是半个月来，他唯一的财务进项。

半夜看到关渔拖着行李，站在门前时，他脆弱的小心脏顿时被刺得鲜血淋漓。

毕业后，赵洪波留在上海，目前还在为生存奔波。除了从“面霸”升级为“面圣”，他的工作和薪水都犹如那个永远好像随时会到，又永远等不来的戈多。

从家里压榨出来的那点钱，捉襟见肘，勉强应付吃喝、水电、房租。有段时间，赵洪波为拖缴房租，不得不在凌晨之后，脱下鞋子光脚回家，早上天不亮出门，以躲避房东的围追堵截。

当关渔兴奋地倾诉别后思念，告诉赵洪波自己准备长期在上海与他共同抗战的时候，赵洪波正在盘算着，如何能从关渔身上踅摸出点儿硬通货来。

这一百元钱，是他出门时喊醒关渔要来的。在关渔不解的目光里，赵洪波申明自己没有开玩笑。这一百元钱，内容相当丰富——过夜费，半夜收留开门费，早上叫醒起床费，绝对物超所值。

赵洪波一副不怕被芸芸众生嘲笑的表情，“你在我这儿过夜，比酒店便宜。不是连这点儿钱都不想给，就打着麻烦同学的旗号白住吧？”

关渔茫然地掏出了这张“毛爷爷”。

关渔从床上爬起来，看了看手上的号码。到上海才十几个小时，口袋里的钱已经送出去了不少。

他自嘲地笑笑，不知道为什么，早上醒来脑海里最先浮现出的是兰轩儿的面容。最后关渔定义，自己是为那一千块钱肉疼，至于神马美女，那都是浮云。

关渔知道，这样下去，自己很快就要流落街头了。至少，赵洪波今天表现出了认钱不认人的潜质。关渔的首要任务，就是寻觅一份工作，方便自己大展拳脚。

每个城市，人最集中的地方有两个——一个是火车站，另一个是人才市场。

靠着这项基本常识，关渔在转了几次车后，在自己被挤成相片前，终于到达了目的地。他深吸了一口气，尽管以往也有进出人才市场的经历，可是眼前的一幕还是令他震惊了。

一片混乱的队伍，从人才市场门口排到了马路的慢车道上。穿着或华丽，或朴素，或乡土，或非主流的求职者们，努力地捯饬出自己满意的样子，手持或怀揣着简历，跟随着队伍向前游移。

关渔很快身不由己地被簇拥进了人流里，整个人被裹挟着，身子不由自主地移动。这一刻，关渔觉得自己像一棵漂浮在洪流中的水草，时而被人潮涌倒在桌上，时而被人群挤扁在墙上。身体不断被迫摆出离奇的曲线，时而觉得自己像个S，时而觉得像个B。

招聘摊位已经被湮没在人流中，应聘者拿着简历义无反顾地往前冲。有人别出心裁，在人群外跳着脚，将手里的简历向桌子上投去，其精准程度一看就经过多次训练，不亚于NBA的三分大赛冠军。

关渔满身大汗，找了个出口处，放松一下自己。眼角的余光瞥见一处招聘台前冷冷清清。他拿着简历杀了过去，站在台前刚要说话，身后有人怒吼道：“你想插队！”

“这还排队？”

“废话，没有看到都拿号排队等着呢吗？”

顺着招聘台后招聘人员举起的纤纤玉指看去，弯弯曲曲一条长龙。关渔忙问，自己能排到多少号。招聘人员撕扯下一张纸，用笔在上面画了个307。

关渔沉默了，这起码得排到天黑。他转身问队前的求职者：“兄弟，我很着急，太晚了我回去没车。你就说咱们认识，我们用一个号可以吗？”

“想插队？”队伍里有人冷笑起来，“知道昨天这儿打架了吗？就是因为插队引起的，都有人重伤住院了。”

一群人横眉立目地看着关渔，关渔垂下头——不用问，重伤的肯定是插队的那个。

数个小时后，关渔作为率先撤退的“失败者”走出人才市场。一个身穿刺眼黄色道袍的道士跟了过来，冲着关渔龇牙直乐，“施主，算个前程吧。我看你印堂发暗，诸事不顺，恐怕要大难临头。”

关渔挥了挥手，像驱赶一只苍蝇。道士不离不弃，狗皮膏药一般继续推销自己，“上一个相信我的人，现在开奔驰，住别墅，喝咖啡，搂美女！年轻人，机会来了一定要抓住啊！”

右边一人手拿罗盘，看关渔没有拒绝道士的意思，也挤了过来，“小伙子，我可不是谁都帮的，只帮有缘人。我跟你说，地是死的，人是活的，不如我指点一下，你提高自身修为才有胜算，只需五块钱，很划算的。”

“一块！”一个黑大个儿把一张纸硬塞进了关渔手中，“只要一块，坐拥无数工作机会！”

关渔翻了翻白眼，把自己的空口袋翻了过来，世界顿时清静了。

黑大个儿用超乎常人的力道迅速把那张纸拽了回去，嘴里嘟囔：“差点儿被骗了，这年头儿哪儿都有骗人的！”

关渔愕然，这样也可以?

三

♥

哈军的懊恼，和关渔不同。作为土生土长的上海人，他和妹妹哈妮有着家族的“产业”——一个从祖父那代传下来的牛肉面摊子。

虽然面摊儿的规模不大，可是哈军觉得，做餐饮，凭的是口碑和手艺，自己家的面摊儿怎么着也是个“百年”老字号。

哈军有自己的梦想——做最牛的牛肉面，开全球连锁店！谁规定只能一头白发的肯德基爷爷和满头玉米须的麦当劳叔叔把店开到中国来赚人民的币，牛肉面就不能走遍全球，赚外国人的钱？

作为一个有理想、有抱负、有行动、有计划的四有青年，哈军从来都是严格要求自己，以跨国连锁公司老总的高标准塑造自己。今天哈军出门，西装革履，黑超墨镜一戴，相当有型有款，气度不凡。

哈军到人才市场，就是想招募个人才。专业不限，年纪不限，只要有本科文凭，就可以被优先录用。

凡是优秀的企业，必然有优秀的团队。虽说本科生可能根本分不清楚牛肉面和刀削面到底有什么区别，可是，为企业将来发展着想必须招到——何况，面摊儿上有个大学生，也是倍儿有面子的事儿。

关渔被纠缠的一幕，哈军看在眼里。从他一脸的烦躁和郁闷来看，这是一个求职大军中的菜鸟。看关渔站在街头茫然地望着街景，哈军整理了一下发型，迈着四方步走了过去。

“第一次来上海？”哈军用自以为深邃的目光，盯着远处的广告牌，问关渔。

关渔扭过头好奇地看看他，想确定这个人是不是在跟自己说话。

“别看我！”

关渔吓了一跳，赶紧又把头扭了回去。他心里怦怦直跳，这场面大有谍战片里的主角秘密接头的味道。

“看前面的电线杆子。”哈军低声说。

关渔瞪大眼睛，看着前面的电线杆，大脑飞快地思索着，这到底是哪儿的人出来执行任务，需要自己配合。

“本科专科？”

“大本。”

“没找到工作吧？”

“没。”

哈军得意地笑了笑，放低声音诡秘地说：“兄弟，要不要爽一下？”

哈军说完后，目光看向一边，给妹妹哈妮传递一个信息，让她见机行事，劝服这个年轻人。

关渔顺着他的目光看去，一个皮肤白皙、眼睛水灵的女孩儿，吐了吐舌头，羞涩地朝他摆了摆手。

关渔黑线了。都说上海五花八门，各行各业都有，不过，大白天的这个行业就出来拉客，实在是太胆大了吧。他壮起胆子问：“你们这样，不怕……”

哈军推了推墨镜，轻蔑地说：“怕？亏你还是年轻人！当初，比尔·盖茨从哈佛退学办微软，李嘉诚身无分文贷款买地皮！年轻人什么都怕，怎么做事！”说着，一把拽起关渔，踉踉跄跄地离开。

简陋的面摊儿上，被哈军强按着坐下的关渔迷茫地看着哈军甩去西装，抓起一坨面，面案上，面粉上下翻飞，几下就做出了一碗抻面。

哈军一只脚踩在椅子上，嘴里叼着一根牙签，把煮好的面摆在关渔面前，“吃！”

在人才市场挤了半天，关渔还真有些饿了。眼前的面香让关渔抓起了筷子。看关渔呼呼噜噜把一碗面条吃了个见底，哈军得意扬扬地问：“怎么样？”

“还真爽！”

哈军激动地一拍关渔的肩膀，“知音啊！我是本面摊儿董事长哈军。我妹妹哈妮是本面摊儿的总经理。本面摊儿正在积极努力地升级，即将成为面馆，正缺人手！”

哈军说完拿起关渔扔在桌上的简历，“国民经济管理专业，哎呀，这正是我需要的人才啊！要不要来我公司工作？”

“公司？”关渔打量打量四周，“我好歹是本科毕业，求职目标是全球五百强……”

“刚开始是全球五百强，后来是全国五百强，然后是薪水三千就好，最后是给份工作就干——看你的样子，应该是刚毕业吧！”

关渔拍着胸脯，“不！我相信，我的未来一定不一样！”

“唉，小伙子，再过一个月，你就明白啦！实不相瞒，人才，我这个面摊儿也有个计划。”

“什么计划？”

哈军得意地竖起手指，“中小板上市。我要先开旗舰店，打下口碑，加大宣传，然后是连锁，开到全亚洲，最后，在美国纳斯达克上市。哈氏牛肉面将被推向全球，拳打肯德基，脚踢麦当劳，让五星红旗插遍世界每一个角落！”

哈妮摇了摇头，看着关渔兔子一样快速逃跑的背影，“哥，别激情了，人都走了。”

桌子上留下了一叠钢镚，哈军不罢休地冲着关渔大喊：“小伙子，总有一天，你会回来找我的！”

他伸出手指数了数钢镚儿，“唉，什么人啊。钱给少了！”

四

兰轩儿几乎把关渔忘了。她觉得，这个呆头呆脑的男孩顶多算得上有趣。

拦了出租车不告而别的兰轩儿漫无目的，胡乱指了个方向，让司机朝前开五十块钱的。在上海，对于兰轩儿来说，两个男人是她的全部——

一个是那个被她“惊吓”的前男友，在网上，电话里，说得恨不得掏出心肝儿来给她看。这曾经令从小就没有见过父亲，母亲又因病去世的兰轩儿备感温暖。她告诉自己，找到这个男人，一定要好好地跟他过一辈子，把最好的自己留给他。

另外一个，则是兰轩儿只在母亲口中听说过的父亲。

她只知道父亲是上海人，待在上海。从母亲的口中，谈及这个和兰轩儿血脉相连，但又素昧平生的男人时，那种眼角眉梢洋溢的自豪，更多于隐藏在眼睛深处无法消融的淡淡怨恨。

母亲去世时，叮嘱兰轩儿到上海去，到这个不曾给过兰轩儿半点温暖的男人身边去。兰轩儿来了，不过，她的内心里却从未想过，自己要依靠一个狠心撇下她们母女的男人。

现在，那个给过她温暖的男人，和从未给过温暖的男人，都变得虚无缥缈。上海在她的心里，变成了一个足够让人厌恶的城市。大上海空空荡荡的，连她的整个心也连带着空了起来，似乎能装下整个世界，又似乎什么都装不下。

她不想再委屈自己，也找不到委屈自己的理由，那些让她感到悲伤的事情，都不是因自己而起，最终却偏偏要落在自己的头上。

所以兰轩儿在车里哭了起来，肩膀抽动得厉害。茫然和无助，在这一刻袭击了这个看似坚强和乐观的女孩。

司机从后视镜里偷偷看了看兰轩儿，有了一丝的担心，唯恐这个漂亮又古怪的乘客在自己车上惹出什么麻烦来。

幸而兰轩儿抱着自己的包，在外滩下了车。这个包已经是她的全部。司机摇摇头，盯着兰轩儿的背影看了又看，但这终究不是自己能干涉的——哪怕这个女孩想不开，要去做什么傻事。

兰轩儿在外滩站到了凌晨，一动不动地盯着黄浦江的江水。几拨巡逻的联防队员在这里逗留了很久，唯恐她发生什么意外。

夜风渐冷，她才转身离开外滩。她的目的地是不远处一家四星级的酒店。口袋里，从关渔那里借来的钱，足够她开一天的房间。况且，她的钱包中，还有四五张信用卡。

躺在房间里宽敞舒适的床上，一个热水澡让兰轩儿浑身舒爽。她忽然作了一个决定，自己要在上海这个地方生存下去，生存得好好的，让那个抛弃自己的男人看看，也让那个抛弃母亲和自己的男人看看——我，兰轩儿，不必接受任何人的施舍和怜悯，我会狠狠地抽你们一个响亮的耳光！

兰轩儿是一个有了大体想法，就再没有具体规划的人。她作出了这个决定后，满意地睡了过去。最后模糊的想法是，这家酒店不错，可以当做自己暂居的地方。起码，她还有信用卡可以透支。

早上，兰轩儿到前台办理了续房手续。一切不开心，似乎都已经烟消云散。上海这座繁华的都市，再次勾起了兰轩儿的好奇，她决定好好地在上海转转，熟悉和了解这个城市——看一看上海的风情，以及都有什么精彩在等待着自己。

五

❤

哈军兴奋得一夜没睡——哈妮告诉她亲爱的胸怀大志的哥哥，在面摊儿附近，有一家能摆四五张桌子的门面要出售。这家门面是个老店，做的是鸭血粉丝汤的生意，不知老板是遇到了急事，还是扩大了经营，看不上这个门面，所以贴出了转让的告示。

哈妮和哈军一样，没有上过大学，从小就跟着父母一起做拉面生意。她的家人有固执的辩证法——上大学还不如家传的手艺傍身，到什么时候都有钱赚，有饭吃。

哈妮没有哈军的野心，只知道，自己现在生活得很快乐。尤其是看到那些大学生在人才市场受挫后，来面摊儿吃面、发牢骚，她内心里以前有的一点儿小羡慕也随之烟消云散。

这是一个普通的女孩，性格对内活泼，对外腼腆。她对生活的要求简单而朴实，每天做事、干活，忙得不亦乐乎。虽然她不太相信哈军能够把面摊儿做成麦当劳、肯德基的规模，可顶多也就是跟哥哥斗斗嘴，顶顶牛。

除此之外，哈妮最大的乐趣，就是听一听她的偶像、上海的骄傲、风靡亚洲的新生代歌星——刘达明的歌，这导致她无论什么时候，嘴里总是哼唱着。

哈军对哈妮的评价是，胸大无志。但是，对于所有认为自己的理想遥不可及，或者骂自己吹牛的人，哈军都觉得这些人白长了一双眼睛。

听到这个消息后，哈军一整夜都翻来覆去，拿出兄妹俩的所有积蓄，准备盘下面馆，让自己的事业更进一步。不过，哈军表面上却装出了一副无所谓的心如止水的态度。他告诉哈妮，自己要继续全力以赴研制新口味的哈氏招牌牛肉面——这种毛毛雨一样的小事，哈妮这个总经理去应对就行。

黑暗里，哈妮忽然问哈军："哥，你平素都是躺下就睡的，怎么今天翻来覆去的。有什么心事吗？"

哈军羞于谈及自己的兴奋，嗯了一声，含混地说："有蚊子。"

哈妮翻了翻白眼，现在可是秋天。

或许是哈妮乖巧、讨喜，又或许是转让门面的老板急于出手——价格上没有什么争执，就顺利地拿了下来。

哈军这个甩手董事长，到小店里看了一圈，指指点点后，告诉哈妮，要抓紧整理，争取能够早日开业。

门面倒是不用过多地改造，把桌子和凳子擦干净，打扫一番，就能够使用。哈军非要哈妮去做一块"哈氏集团牛肉面全球旗舰店"的牌子，挂在门口。哈妮异常郁闷地问："哈董，要不要再多进点VIP独享、尊贵限量版的独头蒜？"

说完，她翻着白眼，留下一脸严肃的哈军，跑了出去。务实的哈妮，在门口的喷绘店，做了个哈氏牛肉面馆的招牌，很快就找人运了回来，为节省经费，自己动手叮叮当当地开始钉支架，挂门头。

她大喊着哈军过来搭把手，哈董的声音从里面瓮声瓮气地传了出来，"我正在改进咱们的牛肉面呢，这次一定能够成功！关键时刻，千万别打扰我！"

一碗热气腾腾的牛肉面，摆在了哈妮的面前。哈妮顾不得擦手上的灰，摆手说："哥，你还是找其他人品尝吧。"

“怎么？”哈军皱皱眉头，“集团规模刚扩大，你就忘本了，这么香的牛肉面都不吃了。”

哈妮哭丧着脸说：“领导，你这几天，每天平均研制五六碗招牌牛肉面，品尝的人都是我。不瞒你说，我现在都被你弄得没胃口了，看到牛肉和面，就想吐！”

“不堪大用啊！”哈军仰天长叹一声，“看来我得考虑换个总经理了。起来，还是哈董亲自献身一试吧！”说着，他坐下来，拿起筷子，挑起了几根牛肉面，然后又啪地放下筷子，哀叹，“再好的东西都不能天天吃啊，我也想吐了！”

哈妮端着半碗咸菜，拿着一个包子正准备吃，哈军扑了过去，“别动，领导决定要和你同甘共苦！”

两个人的兴奋只维持了一天，便发现江湖险恶，水深浪急，老姜不外是辣的。这家店被之前的老板急速转让的原因浮出水面——其他借口都是浮云，实在是因为这个店所处的位置太不好。

虽然看似离以前的面摊儿不远，也算是繁华地带，可是却在一条死胡同的最里面，根本没什么路人到这里来。

哈军睁着狼一样绿色的眼睛，咒骂着转让门面的老板。哈妮也是一脸的沮丧。生意照这样下去的话，基本上不出两个月，兄妹俩就要彻底面对口袋比脸还干净的局面，估计连做面的家什都得赔得一干二净。

哈妮看着哥哥，“哈董，咱们得想个办法啊！不然这么下去，未来哈氏集团的骨干全部都要饿死了。”

哈军蔫巴巴地趴在柜台上，一言不发。他有心回去继续干自己的面摊儿，可是又怕因此成了妹妹的话柄。再则，哈董为人激进，有了面馆之后，就觉得走上了康庄大道，直奔中小板上市，看着以前面摊儿的桌椅板凳别扭，找了个收废品的低价处理掉了，免得搁在家里碍眼。

“品质！”哈军忽然抽风一样跳了起来，“酒香不怕巷子深，咱们在这个深巷子里，只有拿出最好的牛肉面，才能让顾客源源不断而来。你等着，我现在就全力投入研发中去，一定能够扭转乾坤。”

Chapter 2

生活的本质是悲喜剧

名人生活中的无奈比普通人的更多——就像一道名菜，里面充斥着各种乱七八糟的配菜。

赚钱这回事只有一个真理，当别人给得多的时候，他要你做的事儿，一定比那些钱更硬通。

误会看起来是喜剧，其实更多时候是悲剧。你嘴刚咧开，才发现嘴角下垂更恰当。

一

❤

刘达明穿着真丝的睡袍，躺在宽大的露台上，经纪人杨国忠为他找来的韩国造型师正为他做着造型。

杨国忠是刘达明过去的死党。自从刘达明靠着自己的原创音乐和天生的好嗓子日益走红后，他发现，死党已经永远是过去式了。

现在的杨国忠，不再是那个能够处处为刘达明着想的朋友了，而是每天睁开眼睛便不断算计，闭上眼睛也在梦里计算，怎么能拉来更多合约，从刘达明身上捞到更多油水的“榨油机”。

刘达明发现，现在自己越来越不愿意看到杨国忠那张永远挂着谄媚笑容的脸。他想要的是朋友，而不是一个别有用心的仆人。他甚至觉得，指定杨国忠做自己的经纪人，是自己以前犯下的最大的错误。太多朋友经不起利益的考验，这个他懂。但是，如果没有利益的考验，也许现在起码还能有一个朋友。

烦躁的刘达明，连带着看杨国忠安排的韩国造型师都厌恶起来。他对着镜子看了看自己，冷漠地对站在身边的助手阿牛说：“明天换个日本发型师来。”

韩国造型师一脸沮丧和懊恼，摊开手问：“为什么是日本？大韩民国的造型，全世界都是最有名的！”

刘达明用傲慢的眼神扫了他一眼，走进了衣帽间。下一刻提心吊胆的变成了阿牛。刘达明看着满橱的衣服，眉头微微皱起。

阿牛从衣帽间里不断地递送各种服装给刘达明过目。

“这件上次记者招待会上已经穿过了！”“这一件老S婚礼的时候穿过了！”“这件，也穿过了……”

阿牛额角出汗，他像发现新大陆一样，高高举起一件黄色的长袍，“王子，快看！这件衣服您没穿过！”

刘达明咆哮了，“这件是人穿的吗？你看哪国的王子会穿屎的颜色！”

被杨国忠提前告知——今天要去参加一个熊牌啤酒广告拍摄的刘达明心中充满了怒火，走进了餐厅。管家规规矩矩地站在一边，垂首说：“王子，早餐可以开始了吗？”

随着管家三击掌，一群用人将餐车推了出来，厨师战战兢兢地跟在后面。

管家谦恭地说：“尊敬的王子，我们本着‘早餐吃得像国王，午餐吃得像绅士，晚餐吃得像农民’这一科学理念，今天为您准备的早餐属于原汁原味的法国宫廷风格。首先，为您介绍的是开胃饮品——薄荷柠檬冰饮，选用新鲜薄荷、柠檬加上冰沙，于十分钟前刚刚调制，口感冰爽清雅，是夏季解暑降火的上好佳品……请您享用。”

刘达明手拿刀叉，挑剔地在盘里翻来翻去。

“头盘，尼斯金枪鱼沙拉。精选金枪鱼、银鱼柳、黑橄榄、豇豆、鸡蛋、黄瓜、彩椒、洋葱、土豆、番茄等各类生菜入料，再浇上由红酒醋、芥末汁、橄榄油调制的法式浓汁，口感清爽淡滑……”

刘达明当的一声放下手中的刀叉，“金枪鱼？我上次去日本，居然看到了一条活的金枪鱼……太恶心了！以后我的餐桌上不许再出现金枪鱼！”

杨国忠挂着笑容溜了进来，对自己的先斩后奏相当满意。几年来，从刘达明这里，他得到了不菲的佣金，在上海过上了以前做梦都不敢想的上层生活。这让杨国忠颇为自得，多次对别人表示，人要有眼光，看得准朋友！

对刘达明的脾气，杨国忠摸得很透。虽然自从出名后，刘达明越发恃才傲物，甚至要求身边人和粉丝都称呼自己“王子”，但是本质上，这个在音乐领域自命不凡的人，还是很在乎感情的。这也是杨国忠敢于先斩后奏接下熊牌啤酒广告所倚仗的本钱。

被骂几句，无所谓；吃了冷脸，无所谓——这个世界上，还有什么比花花绿绿的票子更能暖人心房的吗?

刘达明看到杨国忠，扔下了手里的刀叉，嘟囔了一句：“不吃了！”悻悻地跟着杨国忠一起，上了自己的那辆豪华房车。他顺手打开车里的冰箱，想来瓶饮料降降火气，却发现摸出的是一瓶熊牌的啤酒，脸色顿时阴沉了下来。

杨国忠开始翻着本子，介绍刘达明今天的行程：上午有熊牌啤酒广告拍摄，下午要与刚从日本飞来的发型师见面，晚上参加菲姐的生日会……

刘达明感觉自己像一个陀螺，被杨国忠手中的鞭子不停地抽动，整个人都呈现出了一种莫名的疲惫。他不耐烦地丢掉手里的啤酒，把头转向了窗外。

“达明，”杨国忠贱兮兮地把头凑了过来，“芍药姐妹娱乐公司很有诚意啊，你看，跟他们的合同……”

“住嘴！”刘达明终于压制不住了，“司机，停车，让他下去！”

“达明。”杨国忠用哀怨的眼神看了看刘达明，“好了好了，不说这个。达明，今天这个广告听说导演很有创意！”刘达明闭上眼，做了个闭嘴的手势。

车子很快赶到了片场，刘达明让助手下车，看看周围有没有记者潜伏。他不愿意跟记者打交道。

片场不大，已经布置好了背景，负责灯光、摄影、道具的人正坐着甩扑克。导演像一头暴怒的狮子，询问副导演，怎么还有演员没到位。

剧组里那个事儿妈似的倒霉的副导演，点头哈腰、低眉顺眼地解释说：“别着急，人家不是大牌嘛！明星，明星。”

刘达明从车上下来，导演的眉毛挑了挑——在导演眼中，自己就是片场的老大，一切不服从的、耍大牌的都是敌人。他用眼神指示副导演上前接洽寒暄，当然，最重要的就是说明拍摄的计划和安排。

“我总算明白你说的创意了。”刘达明用一种小哀怨的眼神看了看杨国忠。道具师很快将一套毛茸茸、憨乎乎的熊“皮”拿了过来，还递上了逼真的熊头。

广告的内容很简单，主要目的是借助刘达明的名气——只需要刘达明扮成狗熊，手托一个蜂巢，然后掀开头罩一笑，说道：“熊牌啤酒，男人的选择！”用导演的创意说，这寓意着熊牌啤酒对男人，有着蜂蜜对狗熊般的致命吸引力。

看在合同的面子上，刘达明决定忍了。虽然脾气暴躁，但刘达明对既成的事实并不企图反抗，他很清楚，那是需要成本的。

“Cut［停拍（电影、电视）镜头］！”导演大吼一声，瞪起眼睛，目光如刀一样看向了副导演。副导演一个哆嗦，一溜小跑前来伺候着。

“你接的这是什么广告?！”原以为可以收工，却被导演叫停的刘达明爆发了，用手点着杨国忠的胸脯，“观众们是要看我刘达明，还是要看一只熊?看熊去动物园好不好，好不好！”

“达明……”

“请叫我‘王子’！”

杨国忠脸上的笑容更盛，目光飘忽，快速地想着如何措辞，才能说服刘达明。刘达明平常是不会让杨国忠喊自己王子的，此时这么说，代表着他已将杨国忠视同为其他助手和雇员，不再是亲密的朋友了。

导演不满地回头，推了推脸上的大墨镜。这个叫刘达明的也太嚣张了。在片场，嗓门大可是导演的特权啊！他吼什么吼，难道以为在这里他真的是老大吗?

“太假了，尤其是那个蜂窝！”导演冷着脸对副导演说，“知道为什么现在那么多人骂电视广告吗，就是因为没有质量。我们不能被观众骂，要让观众在播出电视剧的时候就心痒难熬，追问广告为什么还没开始。所以，必须逼真。那个，真蜂窝有吗?让道具去搞一个！”

“有危险吧?我们可以后期合成。”副导演说出了自己的顾虑。

“后期，我们还有钱做后期吗?广告费都被那个明星拿走了！我们的制作经费太少了，别废话，快去！”

二

❤

哈氏集团全球旗舰店依旧冷清。哈妮坐在屋内对门的桌边，看着门外的风景。说是风景，不过是弄堂里老旧的墙壁——上面的爬山虎有些枯黄，看上去有气无力的，没有什么生机。

店内播放的是刘达明的金曲，不过哈妮今天怎么也无法沉浸其中。她有些忧虑地看了下后厨——隔着传菜的窗口，能看到哈军在忙碌的身影。

“尊贵”的哈董为挽狂澜，已经以厨房为家了。不大的厨房里，堆满了杂乱的面粉，扔得到处都是的配料，以及锅内不知道下了多少碗面的沸腾着的汤。

想到这儿，哈妮下意识地打了个饱嗝，胃里一阵泛酸——几天来，自己也不知道吃了多少碗味道不同，或软或硬，或香或酸或辣的牛肉面了。哈妮怀疑自己的胃会在未来的半生中，遇到面食即自然反应一样地宣布罢工。

哈军正把一撮葱花慢慢撒在面上，然后深深闻了一下，端着走了出来，一脸陶醉地对妹妹说：“哈妮，我要红了！”

哈妮把目光投向天花板，不敢看那碗面，“怎么？你电脑拿去修了？”

“废什么话，我电脑里没艳照。我凭的是这一碗面！秘制招牌牛肉面！哈妮，来试试！”

面被放在哈妮面前，蒸腾着热气，混杂着卤牛肉和葱花的味道，酝酿出一种独特的香味。哈妮实在是被接连摧残过度了，忍不住一声干呕。

“嗨嗨，至于这么大反应吗？我承认，在这之前有点儿小失败，但这一碗不一样！”

“你每碗都不一样！你怎么不自己吃啊？”

“我？”哈军指着自己的鼻子，“你看过厨师吃自己做的东西，回头再夸自己的吗？要客观，所以只能由别人来品尝。”

话音未落，刘达明裹着风，冲入了面馆。他脸上多了黑超墨镜，脖子以上用围巾裹得密不透风，坐下后，伸着脖子向外张望，看外面没什么动静，才算是长长地舒了口气。

刘达明做梦都没想过，自己会到这种简陋不堪的小饭店来。

一切都要怪那个该死的导演，如梦初醒的刘达明想起导演二次开拍的时候，嘴角忽然多出的一抹微笑，现在才明白过来为什么自己总觉得这个导演有一些阴险，有一些贱，那微笑根本是提前预支给自己的嘲笑。

掀开头罩的刹那，刘达明感觉到了一种轻微的震动从托蜂窝的手上传来。低沉的嗡嗡声，马上让他明白，自己手上的这个是真家伙！幼时曾被蜜蜂亲密接触过的刘达明一声惨叫，将蜂窝扔在了地上。

蜂窝里残余的蜜蜂像一艘艘小飞机一样，轮番袭击着向房车跑去的刘达明，在他脸上尽情地“签名”。

杨国忠挥舞着脱下的衣服跑了过来，替刘达明驱赶着蜜蜂，等刘达明上了车，马上跟着也跳上车，关上了车门。车发动起来，开出片场好远，才在路边停下。

阿牛慌乱地取出药膏，在龇牙咧嘴的刘达明脸上涂抹。

“我要起诉这个导演！”刘达明在车里吼叫了起来，“赶紧联系医院，我要第一时间消肿，否则被那些记者拍到，所有人都会知道我变成了猪头！”

车外，瞬间的闪光，让车内变得宁静起来。一股杀气从刘达明身上淡淡地溢出。刘达明知道，这又是哪个听到风声的狗仔。他手忙脚乱地找到墨镜、帽子，以及围巾戴了起来。

“刘达明，”拍照的记者扯着脖子在车窗外喊，“请问你的新专辑什么时候面世？”

“请问，为什么哪儿都有你！”刘达明气急败坏地喊。

“刘达明，你是在等女朋友吗？”

怒不可遏地拉开车门，刘达明跳下车，去抢记者手里的相机。记者退后一步，大喊："刘达明在这里！"

顿时，路上正在寻找目标的记者，潮水一般地涌了过来。刘达明已经无暇回到车上，车上也不再是自己的乐土。他拔腿就跑，唯恐在围攻中被拍到满脸的蜇伤，心里哀叹道："冲动是魔鬼！"

冲进哈氏集团旗舰店时，刘达明已经跑了将近半个小时，倚仗着年轻，否则恐怕早就瘫在路边了。哈氏旗舰店的位置和简陋的门面一下就吸引了急于脱身的刘达明。记者都知道，刘达明对生活品质无比挑剔，谁都不会想到他会进这种地方。

"兄弟，你有福了！"哈军眼神炯炯，注视着刘达明，看得刘达明心慌不已。他把一碗热气腾腾的面，从哈妮面前端到了刘达明面前，"来，试试我们的招牌牛肉面。"

刘达明朝外张望着，看那群记者有没有跟来，漫不经心地回答："行，放那儿吧。"

"吃面要趁热，凉了就不好吃了！"

"我不饿。"

"不饿，那你刚才说什么行，再说这碗没多少，你吃了也不占地方。"

刘达明不耐烦地说："放心，我一样付钱！"

"这不是钱的问题，你这个人怎么能浪费粮食呢！还有多少人连饭都吃不上！这么好吃的面你不吃！这是不对的！"哈军眼看计划要落空，严肃地提高了声音。门外几个追刘达明的记者左看右看，正跑了过来。

刘达明赶紧缩回脑袋，"行了行了，我现在吃！你别喊了！"面吃到嘴里，刘达明愣了，大概是跑饿了的缘故，他觉得味道的确不错，嚼头十足。他埋头狼吞虎咽。

哈妮激动地大喊："哥，你成功了！"

哈军得意扬扬，"哈哈，我就知道自己一定会成功！"

"要取个好听的名字！"

"就叫招牌牛肉面！"

“丝毫不带感哪！”

搜索无果的记者，郁闷地先后离开了。刘达明把汤喝光，把帽子甩掉，“别说，你们的面做得还真好吃！”

哈妮惊叫道：“天哪！哥，你往面里放什么了？怎么吃完脸肿成这样？”

哈军沮丧地跌坐在地上，“天哪，我又失败了！”

“刘达明！”外面忽然有个年轻人惊喜地喊了一声，哈妮仔细观看，双眼立刻烁烁放光！

看着有年轻的歌迷朝着小面馆聚集，刘达明抓起帽子和墨镜，奔跑了出去。哈妮满脸遗憾，“哥，你说王子怎么会到我们面馆来？天哪，我忘记要一个签名了！”

哈军没回答，片刻声音才响起，洋溢着热情，“欢迎欢迎啊！大家都看到了，我们哈氏集团旗舰店，是著名歌星刘达明的选择！大家都坐都坐，来尝尝刘达明的口味！”

哈军兔子一样朝后厨跑去，面馆里前所未有地热闹。他路过的时候拍了下哈妮，“别愣着啊，我们的面馆，红了！”

三

❤

像受惊的兔子似的刘达明，历经挫折，回到了自己的别墅。杨国忠还在等着，刘达明狠狠地瞪了他一眼。杨国忠刚要开口，就被刘达明一句话噎回去了：“现在说一句话，以后你拉的合同，我一概不接。”

杨国忠看着刘达明的背影，掏出电话，打给了一个刚刚出道不久的嫩模。

这是刘达明的软肋，这个音乐天才怀着特有的骄傲，说好听了是强大的自信；说难听些，只是过度自我感觉良好。他喜欢纵意花丛。所谓成功人士，最精准的定义应该是，有能力去做自己喜欢做的事，而不用委屈自己。

与其说刘达明喜欢女人，倒不如说刘达明喜欢那种自己的魅力被证实的感觉。他更喜欢和一个女人抵死缠绵后，潇洒地离开，再寻找下一个猎物。

追求和勾引令他的荷尔蒙无限地分泌，乐趣不断增加。一旦得手，他就会觉得对方，以及这之前的整个过程，像嚼过了的甘蔗，索然无味，而且是一堆渣。

此时，刘达明恢复了一贯的从容和嚣张，正在自己的卧室里，和助手叫来为自己消肿的小护士调笑。

他满意地看着面色潮红的小护士，手随意地放在了她的腰上。即便不算名气，刘达明也是个超级帅哥，绝对有张能刷大多数审美观念正常的富婆卡的脸。何况，他还是有名的国际巨星。

小护士扭捏着，“你真坏。”

刘达明眯着眼睛，笑了起来，“我还可以更坏。”他的脸上忽然挂上了悲伤，“难道，你不喜欢我这样的坏男人吗？”

护士欲语还休的样子，让刘达明更加开心。阿牛匆忙走了进来，低声告诉刘达明，他之前交往的小嫩模来了。刘达明顿时正经起来，挥手让小护士出去。在护士哀怨的眼神里，刘达明整理了一下发型，告诉阿牛，让嫩模上来。

郁闷了一天的刘达明没玩什么情调。他觉得，这些嫩模——为进娱乐圈到处寻找机会的女人，早已经在身体和心理上作好了双重的准备。所以没必要作什么铺垫。果然，嫩模嘤咛一声，倒在了刘达明的怀里。

阳光从大落地窗透入卧室，刘达明睁开眼睛，拍了拍嫩模的屁股，“起床了，你该走了！”

他无意跟嫩模分享他奢侈的早餐，即便那会是一种可以征服这种女人的炫耀，但已经没有必要多此一举了。况且，刘达明觉得，能和自己一起吃早餐的，一定要是自己的家人。

嫩模摆出一副依依不舍的样子，被刘达明送到了门外，“没见你之前，圈里人都说你这个人特别坏，尤其是对女人很坏。可是，我觉得你是个特别好的男人。”

刘达明无所谓地笑笑，嫩模扭动着两条长腿，“你都送了我这么远，你是不是特别喜欢我啊？达明，人家真的好爱你。”

“我送你，是因为我喜欢把分别的场面搞得浪漫一点，你们女人也喜欢。我想在这个浪漫的早晨告诉你——天亮就分手。很浪漫吧？”说着，他低头在嫩模嘴上蜻蜓点水地一吻，“这就是传说中的吻别。”

嫩模变了脸色，抬手想给刘达明一个耳光。刘达明一把抓住女子的手，“我劝你还是乖乖地走，不然会很难堪的！”

悻悻而去的嫩模，让刘达明心情愉悦。整个别墅里的氛围都是明快的，良好的氛围持续到杨国忠赶来——他风风火火地对刘达明说：“达明，晚上有个制片人想跟你见面。”

“不见。”

“这是部新片，想让你加盟。对了，女主角可是个大美女！”

刘达明的眼睛眯了起来，若有所思。杨国忠拿出手机，“达明，真不想去，我就推了。”

“具体什么时间？”

这家咖啡厅不算大，装饰倒是豪华，尤其是几个包间，更是非会员莫入。杨国忠带着刘达明，穿过走廊，来到包间外。杨国忠一脸恳切地说：“达明，我提个要求，咱们能不能别老想着泡妞？”

刘达明笑而不语。

制片人大概四十多岁，梳着油光水滑的小分头，戴着一副金丝边的眼镜，显得精神，又派头十足。寒暄几句后，他殷勤地让刘达明坐下，然后开始点饮品。

包间外，传来一阵高跟鞋敲击地面发出的清脆声音，从频率听，走路的女人很有韵味，能够想象到她身体正妖娆地扭动着。刘达明开始心里有些微微发痒。

包间门被推开了，一个身材高挑、一头大波浪的妩媚女人走了进来。刘达明深吸一口气，宜人的香水味道让他有些小小的冲动。

“你怎么约了这个地方啊？”女人对制片人嗔怪道，声音软糯，甜得让人陶醉，“达明可是大明星，不好让人家笑话的。”说着，眼波流转，勾了一眼刘达明。

刘达明心领神会，转过头问制片人：“这位是？”

“琳达，本片女一号。达明，这部电影一定会创造票房的奇迹。”制片人把话题扯回电影，“我已经作了市场分析，这就拿给你看！”

制片人低头在包里翻找文件，琳达再次看过来，冲刘达明一个媚笑。刘达明心中暗笑，这种女人正是他想要的，明显带有目的而来，大家你情我愿，不会有麻烦和过多的纠缠。况且，她的成熟风韵和这股劲头，让刘达明也颇为喜欢。

刘达明伸手拿了个杯垫，在上面写下了自己的电话，不动声色地放回桌子上，用杯子压住。

“终于找到了！达明，你看看市场分析，对我们很有利的！”

刘达明把文件放在了一边，“奇迹，我并不关心。”

杨国忠忙圆场道：“达明从走出家门的第一秒开始赚钱，每天只工作八小时，一天八万的片酬。”

“我们是小公司。这个价格……”制片人皱皱眉头，不动声色地给琳达递了个眼色。琳达张口刚想圆场，刘达明站起来拍拍制片人肩膀，“老兄，小公司也要创造奇迹嘛！好了，今天就谈到这儿吧，我累了！”

琳达笑了笑，胸有成竹地伸手要拿杯垫，被杨国忠眼明手快地一把按住，把杯垫拿过去，“琳达小姐，您慢走！”

“你这是干什么？”刘达明狠狠地瞪着杨国忠。

“达明，咱们是要上他的戏，不是上他的人！”

“多管闲事！”

杨国忠嬉皮笑脸地说：“我也风流潇洒吧，但我分场合分对象。这点，你得跟我学，不然早晚在女人身上吃亏。”

刘达明气呼呼地走出咖啡厅，上了汽车。

"哎，你去哪儿？咱们再商量下啊！"

路虎发出强劲的马达声，风驰电掣，留下了杨国忠孤零零地站在咖啡馆门前。

"我去！"杨国忠愤愤地飞起一脚，踹在面前的树上，接着抱着脚，咧着嘴，在原地跳了起来。

四

流线造型的兰博基尼，在街上飞驰，惹得测速的摄像头一阵乱闪。车前的logo（商标），那只硕大的公牛，在路灯下反射出质感的光。有眼尖的路人，看到车里坐着的是一个戴着大墨镜的年轻女孩，纷纷咂舌。这情景，很容易让人误解这个女孩为小三。

阎玉环恨不得把油门踩坏，拼命地加油，极速让她有一种整个人的情绪被点燃，马上要爆炸的感觉。

从国外回来，阎玉环感到从自由的天堂回到了暗无天日的地狱。阎玉环在巨富爸爸那里虽然得宠，要风得风，要雨得雨，可是活在爸爸的目光下，让她有一种随时被一双眼睛盯着的压抑。

刘达明的路虎，也是开足了马力。他在宣泄着的同样是郁闷。和琳达的事儿被搅黄，倒不算太大的问题。问题在于，刘达明发现杨国忠对自己的事干涉得越来越多了，作为曾经最亲密的朋友，他无法去真正严厉对待，或者辞退杨国忠。杨国忠就抓住了这点，虽然表达的方式迂回曲折，但实则得寸进尺，步步进逼。

很多时候，刘达明觉得自己这个明星，更像一个工具，没有一点自我。身边人总说，作为公众人物，肯定要注意自己的方方面面。这与刘达明的想法相悖，他只想好好唱歌，其他方面不用任何人来干涉。

兰博基尼从路虎旁边掠过，刘达明的火顿时大了，谁开车这么嚣张！他向那辆车看去，驾驶员位置车门处夹着半条丝巾，随风飘扬。刘达明嘴角顿时挂上了笑，竟然是个女司机，有趣。他猛按喇叭，打开大灯闪烁，提醒对方丝巾外露。

沉浸在急速中的阎玉环，快感被不断的喇叭声和大灯的灯光打断了。从后视镜看去，后面有一辆路虎不停地按喇叭，她冷笑一声，“想超我的车?!”她挂了高挡，油门几乎踩到底，车子像要起飞一样，发出嗡嗡的声音。

刘达明在后面，看到兰博基尼猛然加速，知道对方误解自己要超车。这妞儿的泼辣劲头，引起了刘达明浓厚的兴趣和征服欲。

疯狂提速的刘达明，超过了兰博基尼，挡住了阎玉环的车身。阎玉环猛打方向盘，不甘心落后。人行道上的路人目瞪口呆，有人嘟囔了一句：“上海在拍《生死时速》？尼玛，都是一百七十迈啊！”

两个人的注意力全部集中到这场车赛中去。阎玉环又占了上风。忽然车子一个急刹——前方，地上的限速带边，站着几个目光冰冷的交警，正冷冰冰地看着兰博基尼和后面的路虎。

刘达明不慌不忙地跳下车，来到阎玉环车边，拎起那半截被夹住的丝巾冲着车内晃晃。阎玉环急忙开门下车。

“啧啧啧啧，丝巾不错，可惜毁了！”

“我乐意，不行呀！”阎玉环凶巴巴地回答，忽然又扑哧一声笑了起来。

刘达明扬起性感的下巴，“行，你就是挂满了丝巾也没人管，算我多管闲事！”

阎玉环跳上车，“以后别没事用车灯晃人，猛按喇叭。我脾气好，不跟你计较！”然后冲着警察喊道，“罚单拿来！”发动汽车，随手把夹坏了的丝巾扔了出来。刘达明把风吹来的丝巾一把捞住，塞进了口袋里。

“我要这个车主的电话！”刘达明回到家，风风火火地在纸上写下一个牌号，塞给了助手阿牛，“越快越好。”

五

❤

“阎小姐。”刘达明眯着眼睛，像一只狡黠的狐狸，正在注视自己的猎物。

“你怎么有我电话？”阎玉环有些诧异。

刘达明有技巧地反问：“全上海，有多少辆兰博基尼？”

阎玉环的语气冰冷了起来，“我不喜欢别人调查我。你想干什么？”

“你罚款缴了吗？没缴我可以替你效劳。”刘达明不紧不慢地说。他知道，对方没挂电话，就说明有戏。

“我有钱。”

“那，”刘达明停了下，接着问，“我今天上午去缴，你呢？”

路虎在交警队门前停了下来，刘达明手指敲击着方向盘，坐在车里东张西望。不一会儿，他脸上露出了笑容，那辆熟悉的兰博基尼果然出现在了视线里。

之前，阎玉环觉得这种搭讪行为非常无聊——在国外，她无数次体验过各种搭讪的方式。可是今天，却意外地对刘达明起了兴趣，反正在国内也无事可做，不如去看看他到底还有什么伎俩。况且，那个家伙长得还是蛮帅的。

“这么巧！”刘达明拉开车门，下了车。阎玉环似乎没看到一样，径直走进了交警队。

为了能在阎玉环之前出来，刘达明动用了他明星的小小特权——走到哪里都有粉丝，交警队也不例外。

他靠在车边，看着袅袅婷婷地走过来的阎玉环，一脸调笑。

“别告诉我，你在等我。”阎玉环傲慢地瞟了刘达明一眼，抛出这么一句话。

刘达明慢慢地从车内拿出一个透明的礼盒，盒子里端正地放着一条丝巾——与之前阎玉环丢弃的那条同品牌同款。

“你很有趣。”阎玉环眼神明亮了起来——像这个年纪的帅哥，又开着豪车，身边围绕的女人一定不少。这样的男人多妄自尊大，觉得女人可以招之即来挥之即去，谁会这么用心？

“一起吃个饭？我知道个地方，有这个城市最好的红酒和甜点。”刘达明信心满满地盯着阎玉环，眼神里莫名地闪耀，让阎玉环有了片刻小小的眩晕。

阎玉环从熟睡中醒来，发现自己躺在一张陌生的水床上。环顾四周，墙壁上挂的都是刘达明的写真照片。她脑子昏昏沉沉的，有些疑惑，努力回忆着到底发生了什么。

刘达明赤膊，裹着一条浴巾从浴室走了出来，“醒了？”

阎玉环脱口而出道：“怎么是你！我这是在哪儿啊？”

“我家啊。”

“天哪！你对我干了些什么？”

“当然是干了应该干的事呀！你还说嫌床太小。看来你也是非富即贵喽！”

阎玉环尖叫一声，“我不是随便的人，我是有原则的！我甚至都不知道你叫什么名字！”

刘达明笑了，和昨晚的疯狂不同，现在这个女子表现得像个少女，“这不重要吧，昨天晚上你可是拼命说喜欢我这个类型的！”

门外管家听到说话声音，在门边站定，“王子，您的早餐已经准备好了。”

阎玉环一愣，紧张地盯着门，“谁？”

“管家！”

“不能让他进来，不能让他看见我！”

“昨天你喝醉了，整个别墅的人都看见了。我们还需要隐瞒什么吗？”

阎玉环愤怒地拿起枕头，朝刘达明丢过去。她在凌乱的床上翻出自己的衣服，塞进被子，在被子里窸窸窣窣地动了起来。

刘达明嘴角挂上了一丝别有意味的笑容。

“要不我让司机送你？”

“千万别，我不想再让任何人看见我！”

“什么时候再见？”

“见鬼啊见！”声音远远地从门外传进来。

刘达明嘴角的笑容更盛了——他看到了阎玉环忘在床头柜上的手机。

阎玉环显然很马虎，刘达明期待的电话没有很快到来。以至于他以为，阎玉环为了摆脱自己，放弃了手机，这个游戏要结束了。

实际上，阎玉环恍惚了一段时间。她一直在猜想，这个和自己发生了关系的男人到底是做什么的，会不会是自己爸爸的竞争对手摆下的圈套。想起老爸的咆哮，让她有些不寒而栗。

当她想寻找自己的那些损友，为自己出些主意时，才发现手机丢了。阎玉环焦灼了，手机中有很多重要的联系人和朋友。

她抱着试试看的心情拨打自己的号码。睡眼惺忪的刘达明迷糊地看了一眼手机屏幕，来了精神。

听着那熟悉的声音，阎玉环心情差到了极点，“你能过来把手机还给我吗？”

刘达明的声音带着一丝狡黠，“恐怕不行，我一会儿要拍个广告。”

“它对我很重要！”

“你是在求我吗？”

“就当是吧。”

“那，拿手机，是要付出代价的。”

对这次意外而又必需的见面，阎玉环打定主意，拿到手机就快速撤退。然而，刘达明远没有阎玉环想得那么简单。

来到指定的地点，刘达明坐在车内故作漫不经心地看着一本书。

“喂！”阎玉环敲敲车窗。刘达明摇下车窗。

“手机呢？”

刘达明拿起一个包，摇晃了一下，示意她手机在包里。“我知道一家特有劲的泰国餐厅，想试试吗？”

阎玉环知道，想拿回手机只能听刘达明的安排。想报仇，拿回手机再说。阎玉环上了刘达明的车。路上，刘达明所代言啤酒的广告牌一闪而过。

阎玉环忍不住好奇地问：“你是明星？”

“你不信？那我们试试。”刘达明把车停在路边，摘下墨镜。来往的行人中，很快有人尖叫一声，冲上来索要签名。片刻，刘达明被一群女人包围了。刘达明为粉丝们签名、留影，不时瞟一眼车内的阎玉环，他知道，这一幕对于大多数人的冲击力足够了。

阎玉环远远看着被女人簇拥的刘达明，忽然脸上绽放出了笑意。这个人气十足的男人有着精致的面庞，傲人的气质，标准的身材，尝试一下拥有这样的男友也不错，起码会在自己的圈子里面子十足。

刘达明潇洒地钻回车内，看着脸上风轻云淡的阎玉环。他知道，目的达到了，按照女人的正常反应，这时一定会追问自己到底是谁，做过什么。阎玉环的反常，显然是在控制着自己。

他驱车直奔自己的别墅而去。

“怎么是这里？”

“我的厨师就是上海最好的泰国餐厨师！”

晚饭齐备，暧昧的灯光下，刘达明做了个绅士的躬身，“我家里还有瓶1983年的红酒。尊贵的阎玉环小姐，我想邀请您品尝下。”

“不能再喝了。我很容易醉的。”

刘达明凑了过来，贴在了阎玉环的身上。阎玉环身子颤抖了下，没有拒绝。

Chapter 3

被虐与自虐也是一种快乐

招聘这事儿，你得想清楚，如果别人花钱不是为了找虐，某种程度上，就是为了虐你。你虐自己越狠，通过的可能就越大。

如果你见到一个女孩，满脑子都是如何能让她脱干净的想法，千万不要用此来证明你对她的喜欢，否则会亵渎了你自己，也亵渎了全人类的情感。

甜头要适可而止，偶有遗漏。如果甜得太过，那就犹如你吃多了糖精，肯定会口舌发苦。

一

❤

商场，西服专柜。导购抱着臂，冷眼看着正在试装的赵洪波和关渔。

关渔的心里，一直在为西服上的标价而纠结。被赵洪波拉来商场后，每试一套衣服，他就偷偷地先翻出价签看看。这个小动作，显然瞒不过那些导购的眼睛。

久经磨炼，炼出一对火眼金睛的导购，压根不认为眼前这两个穿着普通，看上去落魄的青年能给自己带来什么生意。

尤其，两个人已经是第二次登门了。

上次从人才市场挫败而归的关渔，最沮丧的事情不是没有找到工作，而是，他唯一一件稍微正式些的衣服被挤得皱巴巴，上面不知道什么时候被刮了个口子。而那双来上海前特意买的皮鞋，被踩得像一坨街头的狗屎。

他疑惑了很久，为什么自己的脚都被踩得淤青，而当时却没有感到痛。最终的答案是，每个怀揣着理想的人都是强大的，强大到可以忽略掉自己身体上的不适。

于是赵洪波抱着传道授业解惑的态度，带关渔来到商场。他认为，作为一个经验丰富的求职圣手，自己有义务为这个跟不上形势的菜鸟呆瓜哥们儿普及一下求职知识。

关渔不明白，为什么求职要和这些昂贵的西服拉上关系——这比关渔找不到工作，还要住在自己这里，更让赵洪波抓狂。

这是个讲究包装的年代，用赵洪波的话说，有新衣服，才有新面貌！所谓先敬罗裳后敬人。如今谁有时间去详细地看你的简历，一眼扫过去，看你穿着普通，表情惶恐，就直接扫地出门了事。

再说了，二十一世纪最不缺乏的是什么？人才！这么多人才，如何让用人单位一眼就看中你？就算只是让他再多看一眼，都得把自己当成商品，包装不好，有谁会买？同样是根葱，楼下农贸市场，几块钱半捆；可是洗剥干净，套上保鲜膜，贴上有机食品的标志，就可以躺到超市的保鲜柜里论克卖，而且买的人趋之若鹜！

对这些理论，关渔将信将疑。让他下定决心和赵洪波再次来商场的原因是，他们两个人同时收到了一家企业的面试通知。赵洪波警告关渔："面试可是单独面对面试官，到时候你行头不好，说不定连自我介绍的时间都捞不到。你想想，这点儿钱重要，还是工作重要？"

事到临头，关渔再次怯场，"洪波，咱们连工作都没有。这好几千块，买不起！"

"关渔！"赵洪波表情严肃地喊了一声，"我什么时候让朋友为钱发过愁？"

"一百块。"关渔想起了赵洪波要房费时的嘴脸，竖起了一根手指，在赵洪波眼前摇晃。

赵洪波急了，"做人要讲良心！换别人我都不开门的！我告诉你，你太幸运了！你要感谢我！"

"感谢你什么？"

"在上海，打车讲究拼车——这西装，我决定跟你拼一下，一人一半钱，谁有需要谁穿！你就学着点吧！小姐，把这套包起来。"赵洪波指着身上的西装说。

关渔低头看自己身上西装，"那还是买我试穿的这件吧？你那套我穿绝对大。"

赵洪波走上前，"兄弟！二十三，蹿一蹿，你还会长高的。找好工作以后，有了钱，你还会吃胖的。投资嘛，目光一定要长远！"

关渔一夜没睡好觉，投资“西服”的钱让他有点肉疼，明天的面试又让他有些兴奋。

早上关渔和赵洪波六点起来出发——赵洪波对上海的公共交通始终难以放心。这之前两人集资采购的西服，此时被穿在赵洪波这个房东身上。

赵洪波在公交车上叼着油条，被人群挤得整个人都要变了形，下了车依旧精神抖擞，对着有些紧张和委靡的关渔说：“自信，要有自信！有五十分的能力，就得显出一百分的底气来！美国人不是一向就这么干的吗？牛一点，你不自信，让别人怎么信你！”

路上，一辆跑车呼啸而来，碾压着地上的积水。赵洪波避闪不及，被溅了一身脏水，怒不可遏地呆立路边对着跑车开过去的方向破口大骂道：“有车了不起啊？”

说着，他脱下西服，递给关渔。关渔愣了下，“换我穿了？”

“烘干好不好？”赵洪波一副恨铁不成钢的表情，“我对你的智商和状态很担忧！”

“上哪儿烘干？”

“一会儿到公司，你去卫生间啊！那儿不是有烘手机吗？带着你我这一天得操多少心！”

关渔一脸无辜地站在大厦洗手间烘手机旁。该死的烘手机对西服这种衣料根本无感，半天也没反应。关渔踮起脚，把手里的西服用力凑近烘手机，远远看去姿势相当猥亵。

厕所门开了，一个穿西装的男人从里面走出来，看了关渔一眼，伸出手，“洗手液。”关渔随手将洗手液递过去。

“纸巾。”西装男边擦手边轻蔑地看了看关渔，“年纪轻轻就做这种工作？现在的年轻人怎么一点儿抱负都没有。”

关渔一脸黑线，把烘手机当成西装男，狠狠地拍了几下。烘手机奇迹般地发出了嗡嗡的声音。

十几分钟后，关渔托着西服一脸欢快地来到大厅。赵洪波猴急猴急地蹿过来，“怎么这么慢？老太太啊你！”

前台小姐不耐烦地重复着叫号，“24号赵洪波。赵洪波来没来？”

赵洪波忙伸手示意，夺过西服一边穿一边向面试的房间走去。

关渔攥着拳头，大声地喊：“大波波，预祝你旗开得胜，马到成功！”

时间不久，赵洪波就面色平淡地走出来了。关渔赶紧迎上去，想要问个究竟，看能不能得到一点“秘密”。一个女面试官从房间出来，对前台小姐耳语。前台频频点头，“25号关渔，26、27、28号……一起进去。”

“怎么变群面了？”关渔问。

“没看见人多吗？一个个地面，今天能完事吗？”前台不耐烦地看了关渔一眼，赵洪波恰好把西服塞进了关渔的怀里。

“坑爹啊！”关渔穿上西服，欲哭无泪。西服整个比他的身体大了一圈，袖子耷拉在胳膊上，盖住了整个手，看起来像是临时从大街上捡来的，为的只是御寒一样。

关渔沮丧忐忑地向面试房间走去，唯恐这不合身的西服，为自己减去大量的印象分。他走进面试的房间，只见其他应聘人员已经一字排开。

面试主管三人，两男一女，中间的主面试官看了下最后进来的关渔，两个人都是一愣。关渔的内心在呐喊：老天，你玩我是不是！

主面试官正是刚才卫生间里遇到的那位西装男。看来，他对自己的印象会彻底影响到结果。

面试主管恢复了平静的神色。关渔站在队伍最边上，过大的西服让关渔看起来十分滑稽。

男主管微皱了皱眉头，“先请大家自我介绍一下。”

北大、复旦、清华，纷纷抛出，关渔被这些竞争对手的实力震住了，轮到自己，他有点儿发蒙地清清喉咙，“我叫关渔，来自湖南经济大学，国民经济管理专业。”

“什么？什么专业？”面试主管打断了关渔的自我介绍。

“国民经济管理，就是……”

男主管哈哈一笑，“我可不可以这么理解，你只有当上国家领导人，你学的专业才能用上是吧？”

关渔被突如其来的闷棍打晕了，完全忘记了自己在做什么。面试继续，可是关渔的注意力却怎么也集中不起来。他知道，自己这个状态，属于自废武功了。

二

❤

南京路上，一家奢侈品牌专卖店橱窗前，兰轩儿正微微前倾着身体，看着橱窗里展示的新上市限量版手袋。在专卖店刻意营造的灯光下，手袋散发着润泽的光，看上去相当舒服。

几乎所有的奢侈品专卖店，在中国都有三个基本功能——一是购物；二是励志，不少白领们偶尔逛逛，用来告诫自己不要懈怠，还有目标等着自己去实现；三，则是偶感风寒，去出出汗。

兰轩儿显然不属于后两种人。到上海后这几天，她的生活主流活动就是刷卡购物。这让兰轩儿大开眼界，虽然说重庆也是直辖市，但是与之相比，上海显然更是购物的天堂。

对于这款包袋，兰轩儿很满意。事实上，刚才她已经决定买下了。但是不大不小地出了个糗——兰轩儿在付账的时候才发现，自己的几张信用卡里透支额度已经不足了。导购彬彬有礼又带着冷漠地告诉兰轩儿，这包可以为她留下几天，但是超过时间，肯定要卖出的。

兰轩儿脑子里飞速地想着主意，关渔那张脸又在她的脑海里浮现了出来。

这个平白无故，不管是赌气，还是真的善良——被自己摔了手机，又借钱给自己的男孩是如今在上海能找到的最好的“靠山”。

想到这，兰轩儿不禁笑了笑。自己这几天还真是把他忘掉了。不知道他有没有觉得受骗，着急地骂人呢。

关渔撅着嘴，从面试的公司退了出来。这次，算他大开眼界，见识了招聘公司变态的一面。赵洪波等在外面，上来二话不说，伸手就去脱关渔身上的西装。

“哎，洪波，你不够意思啊，也不问问我结果。”

“这还用问？一看就知道被人家数落得体无完肤。没事，厚脸皮都是这么练出来的。下回你被骂而面不改色，就是修炼成精了。我先走了，我还有一场面试呢。晚上回来别忘记带着住宿费。亲兄弟，明算账，这才是文明的人生。”

赵洪波匆忙地穿上西服，口袋里关渔的手机响了起来。他随手接起，“你好。”然后惊诧地看着关渔，“女的，找你的。你小子行啊，这还跟我打埋伏！”

关渔马上想起了兰轩儿，不知道为什么，心里微微热起来。他一路飞奔，满头大汗，忽然急刹车一样地停住。

不远处，兰轩儿还站在奢华的橱窗外呆呆地看着里面的手袋。关渔凑过去，闻到了兰轩儿身上传来的微微香味，这让关渔顷刻有了小小的眩晕。

从橱窗投影中看到关渔影子的兰轩儿扭过头，看见他满头大汗，“你不会是跑来的吧？”“真好看。”关渔话说出口，羞红了脸，慌乱地指指橱窗，掩饰地说，“我是说这包。”

“你身上有钱吗？”

“要多少？”关渔慷慨地翻出来一把零钱。

兰轩儿失望了，“这就是你说的有钱？”

关渔一副无辜的样子，“不够啊？”兰轩儿摇摇头，失落地说，“连个带子都买不了！”

素来憨厚的关渔连忙转移话题，“好热啊，你吃不吃雪糕？我去买！”

兰轩儿撅着嘴，“没心情了，你找到工作没有？”

关渔的脸红了，找到了话题，滔滔不绝地叙述起刚才的经历，“你猜怎么着——他们问：‘下班的时候突然下大雨，你们都没带伞，怎么办？’我当然是冒雨回家了！结果后面的女对手，斩钉截铁地回答，她不会淋雨跑回家，因为这样很可能会感冒影响第二天的工作。面试官说，起码别人还会表决心，我连决心都不会表。”

看兰轩儿还是魂不守舍，关渔接着说：“对了，他们还有个问题，问我们这些人有女朋友吗。结果前面的人回答说有。还问漂亮吗——不漂亮，是没个人魅力；漂亮的，将来会影响工作。我一看这情况，当然说我没有，结果就被刷了。人家说，女友都没有，你工作也会很失败！”

兰轩儿乐了起来，关渔松了口气。兰轩儿玩味地看着他，“你真没女朋友？”

内心的慌乱让关渔不得不转移话题，“你呢，找到工作了吗？”

“我不是来找工作，我是来找我爸的。”兰轩儿的回答让关渔愣住了。

“怎么了，你鄙视我？我就是单亲家庭，你趁早离我远点儿。我有阴影的，我心理很不健康。”关渔下意识地点点头。兰轩儿急了，“你还点头同意！真气死我了，你走吧！”

关渔擦擦额头的汗，无奈转身。兰轩儿掏出一沓钱，递给关渔，“还你的，那天谢谢你。”

关渔伸手去接，兰轩儿把钱收了起来，“你知道哪儿有酒店吗？”

酒店？关渔看着兰轩儿眼里狡黠的笑意，心开始猛烈地跳动起来。不是吧，网络传说要发生在自己的身上了，这么快就要开房。他努力压抑着内心的小激动，回想着周围的地形，“好像那边就有如家！”

“如家？我问的是饭店好不好！我知道一个地方，我带你去爽一下！”

很快，关渔就体验到了兰轩儿所谓的“爽”。向来不吃芥末的关渔被兰轩儿带到了一个日式餐厅。关渔面部扭曲地对着桌子上的海鲜，眼泪汪汪的，紧闭着嘴。

“怎么样，爽不爽呀？”兰轩儿促狭地问，“怎么不吃，不喜欢啊？”

关渔一边猛抠大腿，一边擦着鼻涕和眼泪，“这是什么芥末呀，太辣了！”

兰轩儿表情陶醉，“看来你是没命享受这种美味了，太好吃了！”侍应生拿着账单过来，关渔扫了一眼，顿时有种想晕倒的感觉。兰轩儿对侍应生招招手，“再加两份冰糖燕窝。”关渔把刚喝的一口水给喷了出去，毫无仪表地问：“姐姐，你不是传说中的富二代吧？”

酒足饭饱，兰轩儿有些不胜酒力。关渔钱没拿回来，含泪割肉结了账。他按照兰轩儿的指点，将她扶回住的酒店。上电梯时，兰轩儿带着醉意，“跟姐在一起，是不是很给力？”

“给力！”关渔干巴巴地应了一句，内心呐喊着，“给力地泪奔啊！”

刷卡，进房。关渔翻翻白眼，“你住得很高档啊。”

“随便坐，我去洗澡！”

关渔在屋里转了两圈，打开电视故作镇定。内心的胡思乱想，让他有些小燥热，莫非今晚将有不同寻常的意义，明天一早，自己就会成为一个真正的男人？

兰轩儿几乎是和电影里穿浴袍的女主角同时走出浴室。关渔做贼心虚胡乱调了个台，把电视节目切换成了动画片。

“你还看这么幼稚的电视？”兰轩儿大大咧咧地往床上一躺。关渔坐在床边，想着如果自己再不主动一点儿，恐怕就要被鄙视了。他横下心，把上衣一脱。

“你干吗？”兰轩儿警惕地坐了起来。

关渔振奋的情绪和荷尔蒙马上委靡，“我也洗个澡……”

“跟姐说实话，是不是想泡姐？姐跟你实话实说，姐不想谈感情，伤了。你要真想做我男朋友，现在穿起衣服走人，以后再说；如果不是谈感情，就是今天想睡这儿，可以，但咱俩以后就别再来往了。”

关渔挣扎了半天，心中的翅膀和牛角反复出现。兰轩儿似乎松了口气，得意地说：“我要是你，就先选第二种，然后再谈感情！”

“我也这么考虑的……”

兰轩儿从身后椅子下面拿出来一支棒球棍，“嗯哼？”

关渔拉开门，连滚带爬地狼狈跑了出去。

三

❤

兰轩儿又像失踪了一样，不再跟关渔联系。关渔有时候痛恨自己——为什么脸皮不够厚，不敢主动给兰轩儿打个电话。

想起那天离开时兰轩儿脸上似笑非笑的表情，关渔有些后悔。他觉得，兰轩儿一定是对自己的表现厌烦了。

在上海，生活中的最后一抹亮色被自己亲手毁灭。关渔只能化悲痛为力量，努力到人才市场去打拼，谋求能够“情场失意，职场得意”。

这句话，在关渔这里也失去了效应。他感叹，自己有将真理变成谬言的巨大威力。

蔫头耷脑地从人才市场出来，关渔的肠胃闹起了意见。他听到几个求职者对话。

“哎，那边新开了家面馆。听说刘达明特爱悄悄到那儿吃面。”

“贵吧？”

“不贵，我去吃过，和刘达明吃的一样。真好吃！”

关渔心动了，跟在这几个求职者身后，溜溜达达地来到面馆，随便找了个位置坐下。小面馆里人还真多，熙熙攘攘的。关渔发现一个眼熟的背影，正在对着一座食客手舞足蹈地演说。

“怎么样，加入我们吧！是不是动心了？”哈军正在和吃面的几个求职者说话。

“我可是正规大学毕业的，再惨也不至于来你这儿打工吧！”其中一个不耐烦地回应说。

“目光短浅。想象一下，当不久的将来，你成为哈氏集团的首席运营官的时候，是何等威风！”

大学生看看天花板，“老板，你那房顶好像漏水！该修了啊。”

“你不要看眼前，我不是说了嘛。”

“我下午面试，要签约了。面快点儿成吗？”大学生抵挡不住哈军的执著，一脸灰败地说。

“唉，你要错过一个能让自己成为重要人物的机会呀！”哈军惋惜地摇摇头，转过身来，看到关渔，眼睛一亮，“工作找到没？”

关渔摇头的动作，在哈军眼里显得无比美好。他一指面馆里坐满的客人，“瞧见没，全是找工作的，有的已经在这里熬了三四年了。你吃点什么？”

“来一碗阳春面，三块钱那种。”

哈军斜着眼看关渔，“吃便宜的面干不成大事。是不是手头拮据？要不要我给你指点一下。不是吹牛，你要是听我的，保证你马上找到工作！”

“真的？！”

“来我这儿干，怎么样？小伙子，我是看你跟别人不太一样，一直很看好你哦！这个机会很难得，给你期权怎么样？”

“期权？”

“你看这个，”哈军几步走到墙角，拎出一个脸部掏空的牌子，把脸从后面放好，“这就是以后哈氏集团的logo。到那时候，我们的店最少三层，带电梯的，必须是在最黄金的地段——外滩！夜幕降临的时候，黄浦江畔，灯火辉煌，对面就是东方明珠……”

哈妮表情尴尬地走过来，“哈董，面馆拖欠电费八百，人家说要拉闸了！另外，还有很多份面没有下。”

三口两口吃完面，关渔匆匆从面馆溜了出来，怕哈军一会儿闲下来再来纠缠自己。他摸摸拿着的简历，份数实在不多了——转身进了旁边的复印店。

一个头上谢顶的中年人走了进来，关渔觉得有些眼熟，应当也是刚才在面馆吃面的顾客。他上下打量着关渔，转身问复印店老板：“我名片好了没？”

名片上头衔是“北方科技公司CEO（首席执行官）”的陈董，顺手递过一张名片给关渔，“年轻人，还在找工作？”他拿起关渔等待复印的简历，看了几眼，“你条件不错，蛮符合我们公司要求的。你能吃苦吗？”

“能。”关渔浑身立刻充满了力量，从陈董身上看到了机会。

“你打算一个月要多少工资？”

“两千块就行。”

“明天你到我的公司来，我给你四千一个月。”陈董点点名片，“明天上午，按这个地址找我，我把手续给你办了。记得是上午，中午我有会议，没时间。”

四

北方科技公司的所在地是一座老式的写字楼。关渔站在电梯门前，调整了一下自己激动的心情，想让自己尽量显得平静一些。

陈董很守约，果然在公司等待着关渔。他告诉关渔，公司的员工都出去和电视台一起做一档推广节目，而他则是为了关渔，决定临时留下的。

关渔脸上写满了感激，陈董认真地看了他的身份证和学历证书，端了杯咖啡，放在关渔面前，“我们先签三年的合约。每月工资四千。不过入职之前，你需要培训一个月。按公司的规定，每个职员在培训期，要预先留下八千元押金，三年后合同期满返还。”

这个突如其来的条件，让关渔愣住了，不禁犹豫起来。关渔出自小康之家，父母虽然无权无势，可是收入稳定，日子还算不错。这次，关渔出门，父母拿出十五万，让关渔有机会在上海买个房子。这点儿钱还是有的。不过，对他来说，八千块毫无疑问是个大数目。

“怎么，没有啊？”陈董关切地问，“实在没有的话，我可以考虑给你垫一部分，你看……”

关渔摇了摇头，想了想，机会难得，难不成自己以后在公司工作，被人提起，连这点儿钱都没有——实在会让人看不起吧！

“有。我现在去给您取。”

关渔小心地把合同和押金收据装进钱包。陈董看了下手表，“我现在要赶去电视台，你明天能够来上班吗？”

“一定，一定，没有问题！”

离开公司，关渔决定去庆祝一下，一阵风似的带着喜气跑进了面馆，大声吆喝道：“老板，招牌牛肉面大碗的，外加两个荷包蛋！”

“那事考虑得怎么样了？”哈军端着面过来，锲而不舍地问。

“什么事？”

“加入哈氏集团。”

“我已经找到工作了！”

哈军摇头感叹，“唉，你知不知道你和成为亿万富翁的机会擦肩而过呀！”关渔狼吞虎咽，“我这可是一家IT公司，人家给我月薪四千呢！”

哈军眼睛瞪大了，“四千？他不想干了吧！小伙子，你不是被人白相了吧？”

“大公司，‘北方科技公司’，名字够响亮吧！”关渔挺挺胸脯，闷骚地说。

“对面那个‘国色天香’，就是卖驴肉火烧的！”哈军自言自语嘀咕，

“上海工作哪有这么好找？”

关渔把合同拍在桌上，“三年，八千块钱押金我都交了！明天开始培训，培训完我就上岗！”

哈军像看外星人一样看着关渔，“还交押金？小伙子，恭喜你，你在2011年被2001年的骗术给骗了！”

哈军说的话让关渔的心里七上八下的。哈妮闻讯而来，也力挺哥哥。关渔终于坐不住了，他丢下筷子，一路跑回北方科技公司办公室外。

办公室门外写着“北方科技公司”的牌子已经不见了。推开门，房间里空空荡荡，不但没人，连办公桌都搬空了。物业管理员走过来，“哎，你干什么的？”

“这家公司人呢？”

“这间，就租了今天一个上午。谁知道大厦怎么想的，这么短时间也租。他们十一点多就都搬走了。”

关渔像个被针扎的皮球，靠在门上颓丧了良久，一转身，一脚踢在了门上。他低头走出大厦，自己的八千块，这么一会儿工夫就没了。关渔坐在路边，懊悔地蹂躏着自己的头发，把发型糟蹋得像个非主流。

一个乞丐站在关渔面前，轻轻地踢着他的腿。

“烦着呢，少理我！”

乞丐蹲下低声说：“兄弟，出来混，要懂规矩！”

“什么规矩？”

“孟子说过‘不以规矩，不能成方圆’，孟子还说过‘大匠诲人，必以规矩；学者亦必以规矩’，莱蒙特也说过‘世界上的一切都必须按照一定的规矩秩序各就各位’。”行乞者说着掏出一个硬纸板，上面密密麻麻的全都是字。

关渔猛地站起来，“你以为我是乞丐啊，我是大学毕业生！”

乞丐很淡定地说：“我也是，那能说明什么？”

远处一个摄制组，拎着摄像机走过来。主播对镜头，朝关渔走来，“下面我们在街头采访一下行乞人员。”

关渔撒腿跑进旁边的百货商厦，站在商场洗手间，用冷水猛浇自己的头。看着镜子里的自己，关渔喃喃自语道："关渔，你难道真的是个乞丐？不，你不是乞丐，你是个男子汉！你不能放弃，你是个有能力、有梦想的人，一定能站得更高，飞得更远！你可以的，一定要加油！"

随着声音越来越高，关渔觉得心情舒畅了不少，走出洗手间，猛然发现从对面洗手间里出来一个男人。关渔回头，身后的门上赫然写着"ladies（女士）"。

他倒吸了一口冷气，觉得双耳发热，准备开溜。一个中年妇女气冲冲地推门走出来，一把拽住了关渔，"你给我站住，臭流氓！你刚才在里面想干什么？胡言乱语，害得我半天没敢出来！"

闻讯而来的工作人员憋着笑，安抚中年妇女，表示一定要严厉处理关渔，给广大人民群众一个说法。中年妇女这才作罢。

"进错洗手间了是吧？说实话，我第一天来上班的时候也进错了。这事总发生，上次一个女的在里面就把那男人直接打晕了！"工作人员的话让关渔庆幸自己没有遇到野蛮女友型的暴力少女。

关渔看看洗手间的门，"这么大的英文，下面那么小的中文，还跟门的颜色差不多，谁能看清楚啊！"

"走吧，下次小心点。"工作人员对关渔挥挥手，顺手推开了办公室的门准备进去。从门缝里，关渔一眼就看到了撅着嘴坐在里面的兰轩儿。他跟着工作人员，进了办公室，"轩儿，这么巧，你怎么在这儿？"

兰轩儿似乎被吓了一跳，神色慌乱起来。

一个收银员走进屋子，"小姐，我们又试了您的卡，确实是余额不足了！"她发现新大陆一样看着站在兰轩儿面前的关渔，"你是她朋友？那你替她把衣服的钱付了吧。"

关渔默默地忍泪结了账。两人一起走出办公室。

"你的钱我会还给你的。"

“你找到你爸爸没？”关渔转移话题，生怕兰轩儿因为上次的事儿而说出讨厌和拒绝他的话来。

“随便打听别人的隐私是很不道德的！”兰轩儿神色黯然，“我还没有想好怎么面对他，再说吧。我走了！”她出了商场，直接拦了出租车。

“我有这么可怕吗？”关渔摸摸自己的脸，独自站在风里，显得格外苦大仇深。手机半死不活地响了起来，关渔触电似的拿出手机，想着是不是兰轩儿准备原谅自己了。

一家面试过的世界五百强企业的HR（人力资源），用特有的高傲腔调通知关渔，周一上午九点过去一趟。

幸福沉浸在关渔全身的每个细胞里，他像吃了春药一样亢奋起来，先是拨了电话给父母，将自己即将要去工作的公司吹得云山雾罩。然后，他思量了一下，发了个短信给兰轩儿，把这个消息告诉了她。

兰轩儿却像没有看到一样，根本没有回复。

回到家，关渔对着坐在沙发上看电视的赵洪波，摆出了一个超人的造型，宣布了自己被世界接纳的消息。

赵洪波半死不活地看了他一眼，“以哥特有的直觉，我警告你，我有一种不祥之感！”

五

❤

酒店客房内，兰轩儿迷糊地翻了个身。床头的电话持续地响了起来，兰轩儿睁开惺忪的睡眼，嘀咕了几句，拿起了电话，“我没有预约叫醒服务。”

“对不起，兰小姐，您续交的押金用完了。我们想问下，您需要办理续住吗？”

兰轩儿翻身起来，没了睡意。悲催的早晨，催账的就来了。更悲催的是，手机跟着响了起来，兰轩儿没好气地拿起了手机。

陌生男生，严肃的声音传了过来，“您是兰轩儿吗？我们是朝阳区人民法院，有五家银行起诉您信用卡恶意透支，通知您尽快去办理还款手续，否则将由我院正式立案审理。”

兰轩儿恼怒地喊：“都什么年代了，还用这种骗术！”

“对不起，我想您误会了。您可以查询下我使用的号码。”说完，对方直接挂断电话。兰轩儿这才想起，昨天让她不敢和关渔多说话的原因，正是她让这个善良的男孩又看到自己出糗了。

幸而遇到了关渔，不然自己真不知道该怎么收场。兰轩儿嘴角不自觉地露出一丝微笑，转念又“呸呸呸”地吐了三口——这个关渔怎么像自己的克星一样，每次遇到他，都在最衰的状态。

起床后，兰轩儿没有到前台去续费。她想，最重要的还是先摆平银行的起诉。在兰轩儿的心中，法院和坐牢，都是距离普通人很遥远的事情，怎么也不会找到自己的头上，但是现在这个阴影缓缓地压下来，还真叫人有点儿害怕。

银行经理面带微笑地看着眼前这个“负面客户”，面前的桌子上摆放着兰轩儿的一堆信用卡。她盯着客服经理，“你们到底什么意思，我什么时候恶意透支了？我有还款的！”

“对不起，小姐，您的信用卡已经被冻结。这是您的详细账单，您可以看下。您现在已经欠我行五万元，如果三天内不还清欠债的话，我们只能通过法律途径维护权益了。”

兰轩儿翻了翻白眼，“这卡，当初可是你们银行员工找上门为我办的，银行不是鼓励消费吗？”

“我们鼓励健康消费，不鼓励恶意透支。”

“能不能再给我一段时间？”

“这个是银行的规定，希望您能谅解。”

陆续去了几家银行，兰轩儿终于领教了如出一辙的“客服式”微笑，和牢不可摧的法律途径解决。

她咬牙切齿地咒骂着黄世仁，脑子里想着该如何应对眼前的麻烦。看来，是时候去找自己的那个便宜老爸了，否则这一劫肯定难以度过。银行不会因为兰轩儿你到上海后的悲催经历就动了恻隐之心，人民币面前，人人平等，一视同仁。

SOHA集团，上海最大的综合性商业集团，以地产为主，商业为辅。看着眼前耸立入云，上海最繁华地段的办公楼，兰轩儿手心里隐隐出了汗。她心里五味杂陈，按照母亲临终前的描述，未曾谋面的爸爸就在这里工作；从母亲的话里话外，透露出了他非富即贵。

现在自己找上门来，这个男人到底是会因为愧疚，而加倍地疼爱弥补自己，还是会翻脸不认人，将自己扫地出门？兰轩儿下了决心，如果是第一种情况，那么自己就要为母亲“收账”，好好地败掉这个男人的财富；如果是后者，那么自己就往大里闹，大不了做亲子鉴定，让这个男人，得到更严厉的惩罚。

从旋转门进去，兰轩儿径直走向电梯。前台小姐眼明手快，拦在了兰轩儿身前。她打量了一下面容陌生的兰轩儿，彬彬有礼地问：“请问您找谁，有预约吗？”

“闫刚。”兰轩儿焦躁起来，这个男人好大的架子。

“我们这里有两个闫刚，您要找哪一个？”

兰轩儿错愕了下，“两个？”

前台耐心地点点头解释说：“一个是我们集团总裁，另一个……”

“那就是总裁。”兰轩儿理所当然地说了一句。

前台递过来一张预约的表格，兰轩儿在上面写下了“闫刚”两个字。前台笑了，笑容里有些小得逞的意味——她从头至尾都不相信，兰轩儿能和集团的老总有什么交集。就算是情人，阎总也未必愿意看她在这里出现，谁知道会不会引起什么麻烦。

“对不起，这个不是我们阎总。”前台声音有些不耐烦了，“我们老总不是这个‘闫’字，你要找的人在那儿。”

前台把表格收起来，扬了扬手，招呼道：“闫刚！有人找！”

穿着一身清洁工制服，黑色长筒胶靴的闫刚手里拎着湿漉漉的拖把走了过来。从拖把上，散发出一股刺鼻的味道。他嬉皮笑脸地用不符合年龄的语调问前台：“还有人找我，谁啊？不是小余你想我了吧？”

兰轩儿感到天雷滚滚，世界在瞬间崩溃，她转身飞快地跑了出去，耳中听到前台和闫刚的对话，闫刚笑着说：“别跑啊，小姐，你不是找我吗？你长得挺漂亮的！”

Chapter 4

你爹贵姓

拼爹年代，有个好爹是件好事。可是总把爹想成超人，那就变成了坑爹的事儿。

决定，有些时候可以这么解释——犹豫不决，徘徊未定。当有某个因素能让你心动的时候，不妨听从你内心的召唤。

年轻才有热血，热血才会年轻。轻狂未必不好，它带给你的，起码有片刻的激情，以及燃烧的荷尔蒙。

一

❤

阎玉环好几天没有抓到刘达明，这让她有些抓狂。这个让她满意的明星男，好似刻意躲避着她一样，再也不接她的电话。她的心里有几分苦涩，本来自己还想跟他玩一下欲擒故纵的游戏，没想到人家率先出手了。她下意识地对着车内的后视镜打量了下自己，头一次怀疑起自己的魅力。

她甚是有些懊悔自己的举动，约刘达明出去，却将他带到了自己圈子的派对上。她想搜集圈子里姐妹们羡慕的目光，没想到换来的却是这样的结局，代价委实有些难以接受。

刘达明还记得阎玉环的唯一理由是，她是自己成名后，唯一一个成功欺骗“利用”自己的女人。王子的光环在他看到阎玉环派对上的姐妹后，被击得粉碎，那一刻，刘达明觉得自己脖子上顶着的是一个让人嘲笑的、愚蠢的驴头。

和刘达明一起从别墅里出来的，是一名年轻的女孩，身材高挑，外表靓丽。两个人之间的黏黏糊糊，让阎玉环恨得差点把牙咬碎。事态的糟糕程度，超出了她的想象。她本以为，刘达明这样的明星，脾气像个孩子，只是跟自己玩沉默而已。

潜伏起来的阎玉环，开车时首次做了好脾气的乖宝宝，小偷一样尾随在刘达明的车后，看着这对“狗男女”进了一间咖啡厅。

她抓住了“贱人”上厕所的空当，迅速地跟进，准备为自己的爱情排雷。

一张银行卡，甩在了洗手台上。这是阎玉环觉得最庸俗，却最有效的办法。她用一种居高临下的语气告诉这个“贱人”，只要离开刘达明，卡里的五十万就是她的了。

美女双眼放光，她知道，自己在刘达明这里，不过是个玩物，所为的不过也是钱和出名的机会而已。而阎玉环手指上摇动的阿斯顿·马丁的车钥匙表明，这个女人不是自己可以硬碰硬力敌的。

施施然将卡放进口袋，美女嫣然一笑，“小姐，你信不信，就算我离开，还会有别的女人出现在他身边。”

阎玉环冷笑一声，指上转动着钥匙，“这样的车，我有二十辆。”

阎玉环志得意满地走到刘达明的卡座，在他对面坐下。刘达明抬眼看到她，感觉像刚才喝下了一只咖啡里的苍蝇。

“她不会回来了。”阎玉环认真地通知刘达明。

“我也不会！”刘达明快速地站起来离开，比躲避记者还要迅捷。

阎刚吃着晚饭，看着女儿垂头丧气地从外面回来，一言不发，就要上楼。他严肃地喝住了阎玉环，“银行打电话来，你又开了张五十万的卡？”

“爸。”阎玉环无奈又撒娇地喊了一声。

阎刚笑了，眼神里透出一丝的溺爱，“这点钱不算什么，爸赚钱，就是给你花的，可是爸看你并不开心啊！”

“我累了呢。”阎玉环遮遮掩掩，准备溜上楼去。

“就为了那个刘达明？”阎刚声音带着一丝不悦，“玉环，你记住，有爸在，有问题找爸爸来帮你处理！”

二

“我很郁闷。”兰轩儿的短信发到关渔这里来时，关渔的心情和她高度一致。

刘洪波这个面霸的预感没错，关渔再一次成了“牺牲品”。他欢天喜地地赶赴五百强，却被带进了一个墙上有大镜子的屋内。

接待他的女人，用特有的高傲对关渔一顿奚落。关渔被打击得体无完肤，想辩解却又支支吾吾。墙上的镜子后，忽然传出一阵哄笑。女主管用冰冷的声音对着墙后说：“这是给你们这些自认为是骄子的新人们培训的第一课，希望你们在本公司，不会因为打击，变得像这个垃圾一样一蹶不振。”

在那块玻璃后，起码几十个人，把自己当成了小丑看待。拳头紧紧地攥起，关渔有一拳将面前的女人打爆的冲动。女人轻飘飘地丢下两张老人头，通知关渔可以走了。关渔咬牙切齿，五官移位，让女人有些恐惧。她壮着胆子大声呵斥说：“怎么？不走！还等着我叫保安？”

关渔拿起钱，头也不回地走出大门。身后，女人重新得意起来，对着一群新人说：“看到了吗，这样没教养的野蛮人，不会被我们公司录用的。”

哈军的面馆生意依旧兴隆，关渔埋头稀里呼噜地吃完了面前的牛肉面，像是在生吞活剥那个女人。

哈妮在一边看着他，“喂，你辣椒放多了吗，怎么哭了？”

哈军摇摇头，背着手，“吃面能吃流泪，小伙子你也算是古今第一人了！”关渔摆摆手，“拿两瓶啤酒给我。”

醉醺醺的关渔，出现在赵洪波面前，张开双臂，“洪波，抱抱我。”

“你不是吧！咱们只是同学，我可不是那种人。”赵洪波警惕地看着关渔，“什么情况，你失恋了？”

关渔一把抱住赵洪波，“好兄弟，谢谢你收留我！我要走了，也许我们再也见不到了！”

“你找到工作了？要从我这搬出去？”

“我要回老家，离开上海！你我同学一场，又在这里同住，我要回去了，有些东西还是留给你吧！”

听到这话，赵洪波屁颠屁颠地跑过来，“瞧瞧，你都有些什么宝贝？”说着，拿出了关渔的MP3和按摩仪，自得其乐地玩了起来。

关渔郁闷了，“洪波，我都要走了，你也不说给我饯行，一点也不伤心？”

赵洪波摇摇头，“上海没什么好留恋的，回家也好啊。饯行嘛，我有这份心，但我没这份钱啊！”

兰轩儿约关渔在公园见面，她坐在河边发呆。关渔看着她的背影，停下来，深呼吸几次调整了一下心情，跑过去问：“怎么，找到你爸爸了？”

轻轻地点点头，兰轩儿盯着水面，眼神呆呆的，用一种做梦似的声音说：“他不是个大老板，只是个清洁工，是个老色鬼！我不认这样的爸爸，他不配，不配当我的爸爸！”

“他毕竟是你的亲生父亲。”关渔的语气认真起来。

兰轩儿抬头，凄楚地一笑。关渔被她的情绪勾起了伤心事，和她并肩坐在一起，“我也许就要走了，离开这个城市。”

夜风吹过，谁也没有说话，关渔能听到自己的心，跳得厉害。兰轩儿忽然冷着脸，站了起来，指着关渔，“我明白了，受挫了是吧？被侮辱了是吧？心灰意冷了是吧？你是个懦夫、胆小鬼！你这算什么，再大的痛苦我都经受过！我看错你了，原来以为你是一个男人，原来你这么脆弱！干脆你从这跳下去算了，一了百了！”

不知为什么，兰轩儿顺畅地说出了这些指责的话，心里一下舒服了许多，她其实是在恐惧，她发现在上海，自己似乎只剩下了这一个依靠。如果关渔也离开的话，她不知道自己到底该如何继续下去，会像一片树叶在水面上到处漂荡？

关渔站起来，怕情绪激动的兰轩儿真的会跳下去，一把抱住了她。兰轩儿温热柔软的身体，让关渔有些陶醉。兰轩儿闭着眼睛让风拂过脸庞，慢慢地将脸靠了过来，温热的呼吸让关渔沉迷。两个人嘴对嘴亲在一起。

兰轩儿回过神来，用力推开关渔。关渔踉跄着退后几步，脑袋碰在了身后的假山石上，顿时委顿在了地上。兰轩儿过来，使劲摇晃关渔，“你别吓我呀，关渔，关渔！”

六神无主的兰轩儿努力半天无果，摸出了关渔的电话，她想着，应该通知关渔的家人，有个交代。关渔幽幽醒转过来时，兰轩儿已经拨通了关渔爸爸的电话，看到关渔睁开眼，她急忙挂机。

急诊室外，关渔脑袋上缠着绷带，他看看兰轩儿，“刚才那事，你不会怪我吧？”

兰轩儿的笑容花儿一样绽放在脸上，伸出小指，勾住关渔的手，“咱们拉钩，我兰轩儿不管爸爸是什么样的人，都听你的，认下他。你也答应我，关渔，不管遇到什么困难，都不要离开上海。”

小指微微颤抖地勾在一起，两个人互相依靠着，在急诊室外的长凳上，迷迷糊糊地睡着了。

突如其来的伤，让兰轩儿最后也没好意思开口跟关渔说银行的催款。分手后，她忙着从酒店搬出，用手里剩余不多的钱，租下了一套位置偏远的房子。

兰轩儿想着找一份工作，有了收入，再跟关渔说借钱也不迟，这样起码看上去自己有能力还钱，不是一句空口白话。

她寻找工作的方法，也是随心所欲，剑走偏锋。在街上漫步了一个上午，兰轩儿走进了一家新开楼盘的售楼部。她记得听谁说起过，售楼小姐除了薪水外，有业绩还可以拿提成。不是有售楼小姐一年拿到过百万的提成，创造了一个不小的奇迹吗?

兰轩儿自觉不会比任何人差。

事情很凑巧，售楼部的经理正在为自己的人手发愁。他觉得，手下这帮老员工，看顾客都像在看“提款机”，人一有了这想法，服务起来怎么都带着几分“虚假”。楼盘的销售不畅，应该跟这个有极大的关系。

有着自己小精明的兰轩儿，知道如今是自己在求人，自然摆出一副微笑的面孔，显得温柔似水。她的笑容一下就打动了售楼部的经理，当场拍板，现在就可以上班。

换上了制服，兰轩儿得意地摸了摸胸牌，想起关渔告诉自己的那些经历，她有点笑话关渔，实在是太笨了。工作，她兰轩儿还不是手到擒来，哪里有关渔说得那么夸张。她拿出手机，发短信过去，数落关渔的呆板。

关渔破天荒地没回信息，原因是，他这一刻已经身不由己了。

被突如其来的微妙情愫鼓励着的关渔，几天来一直处于亢奋的状态。他脑子里多出了一个新想法，那就是自己非但要继续留下，征服上海，还要为自己和兰轩儿的未来打拼。如果不是养伤，关渔恨不得带着被子，马上到人才市场扎根，直到找到工作为止。

拆了绷带后，关渔就活力无限地再次出现在了人才市场。站在门口，向内看去，连拥挤在他眼里都变得异常可爱。

一个穿着军绿色马甲的男人急匆匆地跑过来，对关渔说："是不是就你一个人了？"

"我是一个人！"

"就差你了，赶紧上车！"男人拉着关渔，快步向外面一辆车上跑去。关渔愕然，莫非是哪家企业看上了自己，现在就要面试?

稀里糊涂地被拉着上了一辆大巴。车上已经坐满了人。关渔礼貌地跟周围人打着招呼，身边两个男人根本不看关渔，起劲地聊着天。

"一会儿到那儿是怎么着？"

"下车就枪毙！"

关渔奇怪地插嘴道："枪毙？"

两个聊得起劲的人看了他一眼，"这么大惊小怪的干吗？"

"为什么要枪毙？"关渔脑子有点转不过弯来。

"为什么？你自己干什么的你自己不知道呀！"

关渔摇摇头，两个人再也不理他。关渔心里七上八下的，不知道到底自己上了什么样的贼船。大巴停下来了，关渔和一群人下车。空旷的场地上，几架机枪对着他们，旁边站着凶神恶煞的日军和狼狗。

关渔看见不远处的摄像机，摸摸脑袋，自己稀里糊涂地来到了片场。

副导演招呼群众演员集中。导演恼怒地让副导演过去，"刘达明准备好了吗？"

"不来了。"

"为什么？"

“经纪人说，他的狗病了，没心情拍戏。”

琳达穿着民国时期的服装过来，“导演，拍不拍呀，我这妆可都快晒花了！”

“这不等刘达明呢吗，他不来了！”

“要什么大牌，那我也不拍了！我老公一分钱没少给他，凭什么让我等他呀！”

导演跳着脚，“这叫什么事儿，敢情就我是孙子！男一号女一号都没了，干脆，散伙！”

副导演连忙劝阻，“您消消气，别着急，我来调一下。”他低头翻翻剧本，“要不这样，后面有一场挨打的戏反正要用替身，要不咱们就先拍这个！”

“替身现在去哪儿找！”

“我刚才看有一个还行，身形差不多，就是眉眼差了点儿。”副导演把关渔拽过来。

关渔被吊在房梁上，上身赤膊，眼睛被蒙上。副导演在下面比画着，“再吊高一点儿！”

关渔很难受地挣扎了几下。

“这场戏可是全剧的高潮，男主角在饱受折磨后依然不屈不挠！”副导演喊着，“记住，导演不喊停，你就一直演，演得越惨烈就越到位！”

一桶水泼在关渔身上，有人开始用皮鞭子抽，关渔扭动身体配合。

导演点点头，“好，停！不错，很真实，告诉他要保持，一会儿再来一遍！”

副导演来到关渔跟前，“导演很满意，让你继续保持。一会儿再拍一条，就像刚才那样。”

剧务跑过来低声埋怨，“饭已经到了半天了，这都快两点了还不吃饭，一会儿凉了啊！”

关渔感觉周围静悄悄的，半天没人招呼自己了。他扭动了下，“导演，导演，可以开始了吗？”没有人回答。副导演的话，回荡在关渔耳边，“男主角在饱受折磨后依然不屈不挠！”

关渔觉得，这不是拍戏，根本就是自己的真实写照。口袋里，手机响了起来。关渔挣扎着，大声喊着：“有人吗，我想先接个电话！”

半个小时后，被吊得肩膀快要脱臼的关渔带着哭腔的声音在空地上回荡着，“有人吗？快来人呀！放我下来！”

三

幸福很短，悲伤很长。这是关渔此刻最真实的内心写照。

一张世界地图铺在面前，上面各个国家的疆域纤毫毕现。兰轩儿一脸严肃，告诉关渔：“如果这次你不帮我，那么我只有两个选择，不是坐牢，就是在逃。”

十五万这个数字委实太惊人，关渔觉得自己有点儿扛不住。他不解地问：“你都干什么了，欠银行这么多？”

兰轩儿皱皱眉头，“现在不是谈这个的时候。”

“你觉得我有这么多钱吗？”

“算了，我干脆自首去吧，等我出来，欠你的钱会还你的。”兰轩儿失望地看了关渔一眼，她自嘲地想，眼前这个男孩，的确不像能拿得出那么多钱的人。想起关渔对自己所做的一切，她有些动情，“关渔，谢谢你，你是个好人。”

“轩儿，”关渔咬了咬牙，从嘴里挤出了几个字，“我替你先还上。”

如释重负地作出这个决定，回赵洪波家的路上，关渔再也没有这么硬气和洒脱。他手里攥着那张转账完毕后，空荡荡的卡，脑子里的念头一个个蹦了出来。万一家里忽然要用钱，爸妈打电话要我打钱回去怎么办？

他摸出了手机，“爸，我在上海看中一套房子，二手的，人家要价便宜，我想买了。”

自以为蒙混过关的关渔，没想到他那个当了二十多年警察的老爸，敏锐地发现了他的谎言——十五万，在上海，小户型的首付是够的，二手房十五万，天上掉馅饼可砸不着老关家的人。

无债一身轻的兰轩儿，好运连连。大概是心情舒畅，对待客户更加尽心，竟然让她出了销售的业绩。想着提成到手，先还一部分给关渔，想着关渔那憨厚的笑脸，兰轩儿嘴角也挂上一抹甜蜜。

没想到下午风云突转，集团要内部整顿，进行大量裁员。兰轩儿得到消息，紧张地去看榜，裁员名单上头一个就是她的名字。

外面淅淅沥沥地下起了雨，秋意更浓了起来。她紧了紧衣服，遍体寒意。兰轩儿想着，可以找当初赏识自己的经理，看有没有留下来的机会。经理很无奈，这是集团阎总的决定，不是他一个小小的售楼部经理能够左右的。

兰轩儿这才知道，自己工作的这家地产公司，也是SOHA集团旗下。说不准，自己还真是跟SOHA集团八字相克。她无奈地离开经理办公室，走出售楼部。一辆黑色的奔驰从售楼部的停车场开了出来。

“那是阎刚的车，有钱人没人性，干了多年的员工，说开除就开除了。”不知道谁感慨地说。兰轩儿忽然眼前一亮，向着缓缓行驶的汽车跑了过去，她想为自己争取一次机会。可是，车里的阎刚似乎根本没看到这个女孩，听到她的叫喊，依然闭目养神。

“阎老二！”一声大吼传了出来。车里的阎刚猛地睁开了眼，示意司机停车。

一身污秽的闫刚，拎着拖把跑了出来，跑到车前，忽然换上一副谄媚的笑容，“阎总，阎总，你看，每次我喊你阎总，你都不理我，只有喊你阎老二……”

阎刚挥挥手，司机重新发动了车子。闫刚大喊：“你跑什么啊，我有事跟你说。”

后面跟随奔驰的车子里，下来几个体形魁梧的黑衣人，拽住了闫刚。为首的一个用凶巴巴的语气警告他，“阎董事长不想见你。”

“你知道我跟他什么关系吗？！没有我，哪有他的今天！”闫刚挣扎着，不服气地大喊。奔驰车窗开了，一沓钱被扔在了路上。闫刚忽然来了力气，挣脱了黑衣人的手，跑过去把钱揣进怀中，脸上乐开了花，“阎总，您慢走，您慢走。”

兰轩儿厌恶地看了一眼自己的父亲，像看一只摇尾乞怜的狗。没想到，闫刚朝着她走了过来，好奇地问：“我记得你，你好像到集团总部找过我。小姐，你找我什么事儿？”

“离我远点！”兰轩儿内心的委屈彻底爆发了，如果不是他抛弃了她和妈妈，自己的人生也许完全是另一种样子，“闫刚，你还记得你在重庆遇到一个女人吗？那是我妈妈！”

关渔和兰轩儿的见面，又以垂头丧气为主调。关渔告诉兰轩儿，他爸爸要来上海出差，顺便看看自己编造的“已购买的房子”。

兰轩儿看出了关渔内心里的慌乱，安慰关渔，她会再去找地方赚钱尽快还他的。她咬了咬牙说：“实在不行，就把我租的房子说成是你买的。”

关渔无精打采地点点头，他觉得自己的肩膀一点点地沉重起来，以前找工作是为了发展，为了糊口。现在自己也变成了还债，还父母那份良心上的债，不然自己会永远为此不安的。

四

❤

阎刚看着刘达明玩世不恭的背影出了门，从鼻子里发出一声冷哼。他终

于有了时间，决定帮女儿找刘达明谈谈。手下黑衣人很快寻找到了刘达明的踪迹，竟然是在SOHA集团旗下的一家餐厅吃饭。

随后阎刚赶到，让手下把刘达明请到了自己的包间。

很久没有人敢这样跟自己说话了，这个小子猖狂地告诉他，对他的女儿没有兴趣。阎刚眯起了眼睛，嘴唇紧紧地抿着。他在乎自己的面子，更在乎自己的女儿，如果谁伤害到了阎玉环，他阎刚一定会让他付出代价！

刘达明气呼呼地回到自己的包间，顺手将阎刚的名片扔在了桌子上。如果不是看到一干黑衣人不好对付，刘达明甚至想给阎刚一点颜色看看。他想起了阎玉环那个女人，从内心里觉得厌恶。从来没有女人能对他刘达明这样，都什么年代了，靠一个有钱的老子就想逼婚！

杨国忠把名片捡了起来，脸上露出比看见亲爹还亲的表情，“阎刚，阎总！达明，你要发达了！”

刘达明正在拨阎玉环的电话，他脸上挂了一层霜，“阎玉环，麻烦你转告你爸，我刘达明从来没有喜欢过你，也从来没怕过谁！”

杨国忠凑过来，看着刘达明挂掉电话，“达明，你知道阎刚吗？他可是拥有十几家地产公司，几十家酒店，几百家餐厅！金融公司、KTV、娱乐城、游乐场，到处都有他的股份！人家在上海花的钱，最后还能回到他手里！咱们得罪不起的！”

“我管他是谁，他有钱是他的事儿。吃饭！”

杨国忠眯着眼睛，算计了半天，“达明，你这样对待阎小姐不好吧。”

“你不是不赞成我和女人交往吗？”

“我当时不知道还有阎小姐这样的巾帼英豪。哈哈哈。”

刘达明看着杨国忠，一个字一个字地说：“有钱怎么了？惹不起怎么了？大不了，我以后不唱了，找个面馆、餐厅，端盘子也能活着。”

阎玉环飞车往餐厅赶。接到刘达明电话后，她就知道爸爸给自己的帮助失败了。她想见刘达明一面，问清楚自己到底哪里配不上他。这让从小就是天之骄女的阎玉环感到格外挫败。

等她赶到餐厅，刘达明已经离开了。阎玉环进了包间，看到不紧不慢地吃着牛排的父亲，鼻子一酸，委屈地哭了起来。

“你确定你喜欢这个戏子？”阎刚放下刀叉，问女儿。

这让阎玉环从中听到一些希望，点了点头。阎刚擦擦手，点点头，“我觉得，还是要加深一下彼此的了解，等了解多了再说。”

“他根本躲着我，不见我。”

阎刚走过来，慈爱地摸摸阎玉环的头，“在上海，能躲得过我阎刚的人，还没有生出来呢！”

阎玉环随着父亲从餐厅走出去。在餐厅外的角落里，去而复返的杨国忠喜滋滋地跑了过来，他拿着一张名片，“阎总，我是刘达明的经纪人。”说着看了一眼阎玉环，“阎小姐，达明跟我提过你的。”

“哦。”阎刚看了看杨国忠，眼里闪过一丝鄙夷，“你有什么事情？”

“是这样，阎总，其实我知道，达明对阎小姐，还是有好感的……”

阎刚抬抬手，制止杨国忠说下去，“我不想听这些假话。听着，帮我个忙，以后刘达明每天要去哪里，你都告诉我一声。”

杨国忠垂首，毕恭毕敬地点点头，“能为阎总服务，真是我杨国忠的幸运啊！”

五

一所小旅社的房间里，关渔躺在床上，心扑通扑通地跳个不停，双手有些不知道朝哪里放。兰轩儿半跪在他身边，用手轻轻地抚摸着他脸上的伤痕，温柔得像个懂事的小妻子。

从SOHA离开后，兰轩儿很快找到了另外一份工作——熊牌啤酒公司的促销员。那个叫祝家庄的副总监看兰轩儿的眼神怪怪的，让兰轩儿感到格外不舒服。

祝家庄只是简单地询问了下，兰轩儿会不会喝酒，能喝多少。得到肯定的答复后，满意地表示，兰轩儿可以留下。他走到兰轩儿身边，用手似拍实摸地在兰轩儿的背上游走。兰轩儿觉得有条毛毛虫在自己身上爬个不停。

不过，祝家庄的威风，只能在兰轩儿这里奏效。几天下来，他被歌星刘达明的不配合，搞得焦头烂额。上次熊牌啤酒的广告事件后，刘达明单方面终止了与熊牌啤酒的合作。祝家庄之前已经放出了消息，熊牌啤酒节上，刘达明会出场助兴。现在看起来，这个承诺很可能成为笑话。

满腹牢骚的祝家庄，不敢对刘达明的经纪人杨国忠说什么硬话。憋了一肚子气，喊上兰轩儿陪他喝酒，醉醺醺的祝家庄告诉兰轩儿，自己要去一家减压酒吧减压!

所谓减压，就是“打人”。

减压中心能提供很多“超级英雄”让你殴打，前提是你付得起钱。这里三分钟收费五百，超过半个小时你就要付出上万的人民币。

被祝家庄殴打的“超人”造型的减压顾问，咬着牙坚持了九分钟，鼻青脸肿，浑身是伤。看祝家庄气喘吁吁的几乎要瘫倒，“超人”嚣张地问祝家庄：“就你这点力气，还来打人？”

“弱者”的蔑视，让祝家庄火冒三丈。他鼓足力气又再次冲了过去，“超人”开心地放声大笑起来，让祝家庄怀疑，自己是不是面对了一个精神病患者。越打越是心惊，最终，无论身体还是精神上，他全部疲软。

发泄过后的祝家庄，神清气爽，扭身出了减压间。“超人”拖着一身伤跟在身后。祝家庄出门，看兰轩儿一脸疼惜地朝自己扑了过来。他张开双手，心想，莫非打架的男人别有一番味道，竟然让兰轩儿心动。

可是，下一刻，兰轩儿拉着鼻青脸肿的“超人”——关渔，消失在了夜色里。

为了尽快补上那十五万，关渔被减压中心招聘传单上的高薪所吸引。

起初，关渔不知道减压中心是干什么的。明白这里的工作是挨打后，关渔反而开心，这种活一般来说愿意做的人不多，那就证明，高薪是货真价实，真金白银。

被兰轩儿拖走后，关渔有点儿小担心，唯恐兰轩儿因此责怪自己。没想到，换来的却是两个人的小旅馆相处，兰轩儿温顺得跟过去判若两人。

如果说兰轩儿以前是觉得关渔这个人很有意思，那么从他愿意为自己还上透支的钱后，就变成了感动，现在，看到关渔默默地瞒着自己，用挨打来赚钱还债，她真的对眼前这个男人心动了。

两个人的气息交混着，身体靠得越来越近。关渔的心都要从腔子里跳出来了，呼吸越来越急促。

一阵比关渔心跳还急促的敲门声传来。关渔猛地坐起，惊慌地去打开了门。门口，站着一位面色铁青的警察。兰轩儿慌忙走过去解释道："我们俩是朋友，我们不是卖淫……"

关渔的脸色很古怪，低声喊："爸！"

突然冒出来的关渔爸爸，到上海后就显出了警察本色，他想先查看关渔那张银行卡上钱的去处，再找关渔问个究竟。

查明一切的关渔爸爸又急又恨，匆忙回到自己住的小旅馆，准备明天就去拷问儿子关于那个钱转到的户名——兰轩儿的事情。没想到，却意外地看到儿子被一个女孩拉进了旅馆。

"你叫兰轩儿？"关渔爸爸没理会关渔，隔过儿子，问兰轩儿。兰轩儿点点头。关渔的爸爸也点了点头，"我能不能跟你单独谈谈？"

六

火车站永远那样熙熙攘攘，充斥着铺天盖地的人流。在爸爸凌厉的目光下，关渔不情愿地跟着他上了火车。

从小到大，作为一个乖孩子，关渔没有对抗父母的习惯。他放心不下，爸爸到底跟兰轩儿说了些什么。关渔借着车厢里的人流把他和爸爸分开，给兰轩儿发了条短信："我要回长沙了。"

手机像死一样沉寂，没有任何的回音。这情况对关渔来说相当反常。自从兰轩儿和他一起发誓为十五万的债务打拼后，任何形式的联系，她都会迅速作出反应。

昨晚，爸爸和兰轩儿谈完后，是一个人回来的。关渔没敢问爸爸到底和兰轩儿说了什么，她现在在哪儿。他的心里像压了一个十吨的铅块一样，翻来覆去地难以入睡。最终他鬼鬼祟祟地把手机掖在内裤边上，借口去厕所，到厕所内给兰轩儿打了个电话。

没关机，可没人接听。

关渔恍惚觉得，和兰轩儿的一切都像梦一样迷幻。但他知道，这不是梦，一切都是真实的。

爸爸招呼关渔，按着座号坐下。窗外，站台上有一个售货员推车在叫卖："报纸，火腿肠，饮料。"关渔局促地看了一眼爸爸，"爸，您买水了吗？"

"走得急，什么也没买。口渴了？我去买点。"

"我去吧，我再买点鸭子肉、小酒，孝敬孝敬您。"关渔挤出一个自以为好看的笑容，实际上，他都快哭了。他起身，走到门口去，下了车，在货车上翻来翻去，一会儿，拎起一只烧鸡拿在手里，又去挑那些小瓶装的白酒。

关渔的爸爸忽然觉得不对，他站起来大喊："关渔，你给我回来！"火车门关闭了，车子缓缓开动。

窗外，关渔拎着烧鸡，撒丫子向相反的方向狂奔！这是他最后的决定。他觉得，对于兰轩儿，有一种让自己放不下的责任，如果就这么离开，他关渔会一辈子内心不安。

关渔踯躅在街边，继续给兰轩儿打电话。兰轩儿仿佛从这个世界上蒸发了。关渔忽然有一种想法，自己的内心好像突然掉了一块，不完整了。那种感觉不是痛，却比痛更让人难受。

没有面对过类似状况的关渔，决定灌醉自己。他拎着啤酒瓶在大街上跌跌撞撞地走着，双眼直勾勾的。上海抛弃了他，兰轩儿抛弃了他，梦想抛弃了他，酒精把关渔身心承受的苦放大。站在外滩上，他看着潺潺的江水，觉得失去了在这个世界上生存的意义。

关渔盯着水面，似乎那里有吸引他的东西。忽然，他眼前一亮——一张一百块的人民币漂浮在河面上。关渔往河边走了走，费劲地伸手去够那张纸币。

就在他刚触摸到那一百块钱的时候，耳边响起了一声大喊："别动！"

哈妮气呼呼地看着关渔，她不明白，这个屡次拒绝自己哥哥邀请的年轻人，到底为什么一副想不开的样子。她扑过去，准备把关渔从岸边拉开。两个人一起滚到了水里，挣扎着都站起来，狼狈地爬了上来。

"你这是谋杀，你知道吗？"关渔气呼呼地说。

"我谋杀你？我是要救你。"哈妮瞪着关渔不甘示弱地回敬。

"最后是我救的你好不好！你没病吧？"

"你才有病！你不想自杀你在这里干吗？"

"我在发财。"关渔摊开手掌，一张皱巴巴湿漉漉的百元人民币在关渔手里，"一百块！上海的有钱人就是多啊，一百块就这么扔水里了。"

哈军上下打量着关渔。把关渔拽回来的哈妮不满地说："看什么看？这是关渔，哥，你不认识了？"

"你想到我店里来工作？"

"行不行给个痛快话！"哈妮不耐烦地催促哈军说。在她看来，如果哈军再拒绝，关渔这个落魄分子就没有活路了。

"你想通了？"哈军转头问关渔。

关渔立正，"是！我想到哈氏面馆工作！"

Chapter 5

昂贵与廉价的正比反比

太多爱意，并非是真正地爱上这个人，而是爱上了某个光环。正如太多人并不喜欢LV（路易·威登），而是喜欢它让人“哎哟喂”的价格。

未知的恐怖，有一部分来自内心的惶恐，还有一部分来自于未知给你带来的鼻青脸肿。在不熟识的环境里，你受伤的可能性比平素会大得多。

当一个人，能够坦然地接受以前坚持不想接受的事情时，应该给予掌声。这代表着，他走入了生活的另外一扇门。

一

♥

万人瞩目的熊牌啤酒节演唱会终于开幕了，祝家庄乐得合不拢嘴。刘达明的突然转变，完全是想转移杨国忠的注意力。杨国忠像苍蝇一样，在他耳边嗡嗡了许久，为的就是劝说刘达明和阎玉环重温旧梦。

对付杨国忠的撒手锏，就是用他看得到的收益——票子来转移他的话题。所以，刘达明主动提起了熊牌啤酒的合同，杨国忠马上放弃阎总这个吃不到的西瓜，把精力全部放在了熊牌啤酒节上。

熊牌啤酒节演唱会入口，兰轩儿努力挤出微笑，忙着给参加活动的人派发赠品啤酒。她的心已经死了，那晚，关渔的爸爸根本没给她分辩的机会。在他满是厌恶的眼里，兰轩儿就是一个靠"欺骗"关渔这样小男生的钱而生活的女子。

他提出的条件很简单，"你离开关渔，不再联系。那十五万，我们不要了。"说服兰轩儿答应这个决定的，不是那十五万元钱，而是关渔爸爸后面的一句话，"关渔认识你后，现在是什么样子！我希望我的儿子过得能更好！"

兰轩儿想起和关渔之间的林林总总，叹了口气。她知道，自己这样的情况，和关渔在一起想要幸福实在是太难了，或者他找个普通点的女孩会更好。

看到关渔的短信和电话，兰轩儿酣畅淋漓地哭过。她无数次动心，哪怕给关渔一个问候，最终还是忍住了这个冲动。她对着空气自言自语地安慰自己和想象里的关渔，“乖，我这也是为你好。”

祝家庄像被踩了尾巴一样，走过来问刘达明来了没。演唱会前面的艺人表演都快结束了，刘达明现在还没有出现。

兰轩儿摇摇头。祝家庄迟疑了下，“这孙子不会不来了吧！他从来都是翻脸比翻书快的！”

“迟到这么久，人品肯定有问题。”兰轩儿擦擦汗，敷衍祝家庄。祝家庄色迷迷地凑过来，“轩儿，来公司的时间也不短了，咱们俩还没机会深入聊过。你以后有什么打算啊？”

刘达明标志性的豪华房车在演唱会门口停下，解了兰轩儿的围。粉丝们尖叫着飞奔而来，各种鲜花和海报飞舞着。

刘达明戴着墨镜，阴沉着脸下了车。虽然是他提出的再次和熊牌合作，可是看到熊的logo，就想起了上次拍广告的不愉快，心里异常烦躁。

全场掀起惊叫声。刘达明目不斜视，在保镖的保护下大步流星往前走。这种酷劲让粉丝更加兴奋，当场便有女粉丝幸福地晕倒。粉丝们用超市促销、老太太抢鸡蛋的劲头纷纷拼命往前挤着，被保镖们粗暴地连推带踹。

几个记者见缝插针，拿着麦克风扛着摄像机挤过来，“刘达明，请问这么多粉丝爱你，你压力大吗？”

刘达明皱皱眉，顺手拿过粉丝的笔在记者脸上签了个“滚”字。粉丝们激动尖叫，为他的举动兴奋不已！

闪光灯一闪，一个微胖的记者躲在人群里，拍摄下了这一幕。刘达明被闪光灯晃了一下，大怒，失态地夺过胖记者的相机，对记者的脸猛拍十几下，把相机扔给粉丝扬长而去。

在一片混乱中进入化妆间，刘达明突然被一只手拉着衣领勾过去。抬头一看，阎玉环妩媚地站在眼前。

“你怎么在这儿？”刘达明一脸铁青地问。

“这城市哪儿是我阎玉环找不到的？”

“我们分手了。”刘达明斩钉截铁地说。

阎玉环冷笑一声，“刘达明，你知道上一个不爱我的人在哪儿吗？”

“在哪里？”

“非洲！”

“你猜他要待多久？”

“多久？”

“二十年！”

外面传来主持人的声音，“下面即将登场的就是我们期待已久的，刘达明！请大家跟我倒数十、九、八……”

“我要上场了。你不要再这么不要脸地跟着我！”阎玉环怒不可遏，顺手拿起啤酒泼过去！刘达明不屑地笑笑，“那第一首歌就献给你了，当是分手的礼物。”

灯光闪耀，伴舞群上。刘达明降落到舞台上，跳着动感十足的舞蹈。一曲过后，刘达明和杨国忠进入化妆间卸妆。

“今天的状态真是太棒了！歌迷都疯狂了！”杨国忠谄媚地说，他把一份合同放到刘达明手边，“芍药姐妹的合同，就差你签字啦，这儿。”

刘达明不耐烦地看了看合同封面，“那个女人怎么知道我来这儿？”

“哦，可能看到海报了吧。”

“合同给我。”

杨国忠把合同和笔递上。刘达明接过合同，刷刷撕碎，站起来摔门而去。

粉丝的尖叫还在身后此起彼伏，刘达明怒吼着：“我受够啦！”发动了车子，扬长而去。

阎玉环坐在自己的车里，也跟着踩下了油门，得意地说：“我就知道，你会逃跑！”

二

❤

绿荫如盖，一片空旷的草地上，曼妙的兰轩儿宛如精灵一般飘然而至，浑身散发着柔和的光晕。关渔起身向兰轩儿奔去，兰轩儿微笑着向关渔招手。

关渔呼吸急促，满脸通红，从美丽梦中醒了过来。

睡在用餐桌临时拼凑而成的铺榻上的关渔，脸憋得通红。哈军捏着关渔的鼻子，一脸坏笑地趴在关渔旁边看着他，“喊什么喊？大早上的再喊出个好歹来。”

“干吗啊？要憋死我，谋杀啊！好困。”

“上班了！”哈军掀开被子，“你不是要偷懒吧！”

“现在几点？”

“五点零七分！从今天开始，买菜的事就交给你了！”

关渔揉揉眼，发动了电动三轮车。哈军尾随着叮嘱道：“关渔，千万别超支啊，那帮卖菜的敢跟你叫板，你就跟他们说说美联储的事儿！”

哈妮不放心地关照关渔，“砍价啊，朝死里砍！不管多少钱，对半砍再拐个弯，越便宜越好！”

关渔打个哈欠，“放心吧！我可是学国民经济的！我懂！”

哈军摸出一个相机，对着关渔按下快门。哈妮瞪了一眼哥哥，“你干吗？”哈军嘿嘿一笑，“今天可算是和国民经济专家关渔的第一天合作啊，意义重大，必须留念！”

关渔神情骄傲，意气风发，骑着电动三轮车呼啸而去。

喧闹的菜市场内。关渔站在一大堆萝卜上，举着手机，周围围着一圈菜农。

关渔拿着手机，表情严肃地说：“哈总，摩根斯坦利目前没有表态，十分钟前，恒生指数跌了一百多个点……从场内交易的情况看，已经呈现出多头逼空的态势。我的建议是要抓住目前这个下行波段，赶紧出手，机不可失，时不再来呀。”

哈军的声音从电话另一端传来，“巴菲特说，一次成功的决策，来自于百分之九十的信息，百分之十的直觉。好吧，听我的指令，立即进行交割，购入五十斤。”

关渔立即大喊：“大白萝卜！五十斤！”

萝卜菜农不耐烦地看看关渔，“打了半天电话，就买五十斤啊！咱们这里是批发市场，五十五斤起！”

“那就五十五斤！这点儿审批权，我还是有的。”

“为了省个二十块送货费，还专门跑一趟，你们哈氏面馆真是小气到家了！”

“这叫节约！当年比尔·盖茨也是这么起家的！”

菜农看着关渔，“比尔·盖茨是在哪儿卖面的？”

关渔意气风发地骑着电动三轮车，车上放满了白菜、萝卜、大葱！关渔大声激励着自己：成功的感觉真好！一个急拐弯，前面一片彩旗飘舞，大气球上“熊牌啤酒演唱会”的广告迎风招展。关渔急刹车：熊牌啤酒！他马上想起了兰轩儿的工作，忍不住停下车来寻找那个熟悉的身影。

一个年轻的妈妈带着小孩过马路，小孩闹着不想去补习班。女人说：“乖，上补习班，考试会得高分，将来考大学可以找个好工作，要不然，”女人指着关渔，“就像这位哥哥，只能做一个拉菜的，每天很脏、很臭。”

遭遇无妄之灾的关渔急忙辩解道：“我也是大学生。”

女人撇撇嘴，“你不好好学习，就算上大学，也只能上八流大学，文凭没有用，还是个拉菜的！”

关渔发动了车子，翻个白眼，无奈地向前冲去，想赶紧离开这个尴尬的地方。刘达明的车从旁边斜刺里冲过来。关渔紧急捏闸，刘达明急踩刹车！两人同时大叫着——车剐蹭在了一起！

刘达明匆忙跳下车，车灯坏了，一转身，三轮车的车轮在迎空空转，车上的人却没了。

车轮边伸着一只手，关渔紧闭双眼，一动不动。刘达明的手颤抖着慢慢伸到关渔鼻子底下，感觉了一下他的呼吸，慌忙掏出手机，“喂，是我！我撞人了。”“先别慌，听我说，人死了吗？”杨国忠的声音传了出来。

“死了。”刘达明的声音有些颤抖。

“你确定？”

“确定确定。”

被撞晕的关渔缓过劲儿，晃晃悠悠地站起来，向刘达明走过来。杨国忠继续说：“达明，人死了就好说，最要命的是被撞的人没死！死了简单，赔点钱就行了，我马上去接你，你在什么位置？”

刘达明起身观望四周，发现了近在咫尺的关渔的脸。关渔和刘达明同时惨叫。

关渔忙捂着脸，“别，别，我没看见你的脸，我懂规矩！我没记你车牌，你走吧！”

“你没事儿吧？”

关渔想起网上那些惨剧，颤抖着双手，“我，我失忆了，我什么都不记得了。”

刘达明犹豫着，“那我走了。”

“再见，再见，不，永别。”关渔把手放下，仔细地看了看刘达明，眼睛瞪大了，“刘达明！你是刘达明！大歌星刘达明！哎，我特别喜欢你的歌，就是那首，‘你带着我的爱，飞到了大海……’”

关渔闻到了刘达明身上，因阎玉环泼酒沾染的酒气，失望地说：“你喝酒了！你身为一个公众人物，居然酒后驾驶！”

“好了，好了，别叫了。我知道你想要什么。你的三轮车，我赔给你。”刘达明掏出钱包，里面没现金。刘达明把卡拿出来，“这张卡里的钱大概有两百万，密码123456。”关渔疑惑地接过来卡，两百万？这简直就是在侮辱我的智商啊！他一把抓住刘达明，“别逗了，给我一张空卡，我去取钱，你一转身就跑了！”

刘达明感觉自己被羞辱了，抬手要打。

关渔忙说：“怎么，明星就能打人啊！你想杀人灭口？我喊人啦！救命啊！”刘达明摆摆手，“别喊，别喊，啰啰唆唆的，你说怎么办？”

“身份证给我！”关渔为自己想出的主意得意。刘达明犹豫一下，把身份证给关渔亮了出来。关渔看了一眼，很八卦地说，“哎？你不是自称是1988年的吗？怎么这里是1985年？噢，虚报年龄。”

刘达明很不耐烦，“为保证卡里有钱，我把身份证给你；为了保证你不乱跑，你把你的身份证给我。咱们俩换一下，大家安心。我明天叫司机去找你换过来。”

刘达明伸出手，去接关渔的身份证；关渔伸出手，去拿刘达明的身份证。两个人都捏着自己的，也夹着对方的身份证。

远处传来一阵汽车的轰鸣声，由远及近。阎玉环的跑车朝着刘达明和关渔飞奔过来，完全没有刹车的意思。关渔和刘达明两人同时惊恐地瞪大眼睛。阎玉环急打方向，猛踩刹车，跑车撞在了刘达明的车上，刘达明的车冒出一阵黑烟，轰的一声爆炸了。周围燃起一片火海，刘达明和关渔手里捏着对方的身份证，身体飞了起来！

三

发生车祸后的第三天，关渔在医院中迷迷糊糊地醒来。脑部受到严重的震荡，他对车祸后发生的一切失去了记忆。关渔动了动隐隐作痛的手臂，试着环顾四周，自己躺在了一个豪华的单间病房内，身边，一个漂亮的女人一脸疲惫，穿着性感地正趴在自己的身边酣睡。

头部传来的隐隐伤痛，让关渔忍不住哼了一声。

阎玉环马上睁开眼睛，一把抓住关渔的手喊："达明，达明，你醒了？你知道吗？我担心死了。"

门外，听到动静的杨国忠旋风一样冲了进来，"达明？达明？王子殿下！"

关渔感觉满是绷带的脸很不舒服，虚弱地问："我的脸怎么了？"

"王子，你出车祸了，还记得吗？你在医院，你的脸被烧伤了。"杨国忠靠过来，一脸媚笑地看了一眼阎玉环，"不过没关系！阎小姐找到了全世界最好的三个整形医生，经过他们精湛的整容术，你的脸已经按照以前的样子彻底恢复了！甚至比以前还要英俊！"

"我以前英俊吗？"关渔晃晃脑袋，疑惑地看着杨国忠和阎玉环。他对以前的记忆不那么清晰，但是似乎没人说过自己英俊啊。

"你们是谁？"

护士和医生接到通知，赶了进来。阎玉环紧张地拉住医生，"他怎么不认识我了？"

医生解释道："病人的大脑经过严重的震荡，记忆受到了影响，所以可能有失忆的现象，而且反应也比较迟缓，不过这个都在我们控制内。"

"多久才会恢复？"

"快的话，明天；慢的话，也许几个月，一年，也许十年八年也说不定。最坏的情况是，他这一辈子就这样了。"

"一辈子都这样？这也叫在你们控制内？"杨国忠仿佛看到自己的摇钱树枯萎了，愤怒地注视着医生，气势汹汹地说。

"我说的是最坏打算。"医生毫不在意地丢下了这句话。

关渔听到"一辈子"三个字，又晕了过去。

杨国忠脸色阴晴不定，盘算着刘达明失忆对自己来说也许是个机会。和芍药姐妹的合约，可以趁着失忆签了，等你出院了，还得乖乖地继续给我赚钱！

想入非非的杨国忠，嘴角露出一丝阴险的笑容。阎玉环似乎感到了什么，狐疑地看了看床上的关渔，又用戒备的眼神警告了下杨国忠。

杨国忠做了个请的手势，邀请阎玉环，到病房外谈谈。

杨国忠谄媚地递上一瓶水，“阎小姐，您润润喉咙，累了吧！”

阎玉环冷冷地看着杨国忠，接过水，“杨先生似乎有话要说。”

杨国忠奸诈地笑笑，“医生说他失忆了，不知道您觉得这个……”

“你什么意思？”

“其实失忆比什么事都记得特别清楚要方便！阎小姐是聪明人，你我都想从刘达明身上得到好处，这您不否认吧！”

“你说得好恶心，我对达明是真心的！”

“我也是为他好呀，可他这个人就是太倔。不过现在就另当别论了！”

“可是谁能保证他不会随时恢复记忆！”

“说得好，那就要趁他还没有恢复的时候把一些事情坐实，阎小姐，这事我能帮您！”

阎玉环不耐烦地戴上墨镜，“好了，好了，这事我会考虑的！我要先给达明去买花。”

“是，是，为了保险起见，我会先找个时间试一试的！”杨国忠看着阎玉环的背影，脸上露出一丝狡黠的笑。

同一家医院里的普通病房内，刘达明无比暴躁地苏醒过来。

“我为什么在这儿？为什么这么多人，为什么这么吵？为什么我的脸被包起来了！”他环顾四周，到普通病房里来看望病人的家属吵吵闹闹，他觉得脑子里嗡嗡作响，快要疯了。

哈妮从外面走进病房，看到了苏醒的刘达明，开心地扑过来，“你醒了！关渔！”

“请叫我王子！”

哈妮疑惑了，“王子？王子是谁？”感觉到不妙的她连忙跑出病房找医

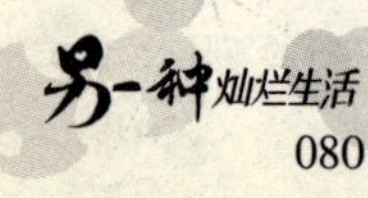

生，迎面遇到了匆忙赶来的兰轩儿，哈妮开心地喊，“轩儿，关渔醒了！”

兰轩儿长舒了口气，泪花在眼角闪烁，飞快地向病房跑去。冲进病房，看见坐在病床上的关渔，兰轩儿脸上挂着笑容，又流着眼泪，“我上辈子是不是欠你的，让你装死吓唬人，我绝不饶你！你以为你装死我就怕你啊？有本事你别醒来。”

兰轩儿哭哭笑笑，病房里的人用奇怪的眼神看着她。兰轩儿顿时安静下来，忽然发现眼前的关渔有些异常。

刘达明缠着绷带，露着的两只眼睛目光呆滞，“你是谁？你为什么，又凭什么要骂我？”

哈军摇着头从外面走进来说，“兰轩儿，医生说了，关渔可能会短暂性失忆。”

兰轩儿笑容凝固了，“失忆？”心里一股危机感让她紧张起来，这是不是意味着，自己找回了他，又要无力地失去他。

“你感觉怎么样？你还记得我吗？”哈军在刘达明面前摆摆手，摆出一个造型问。

“我脑袋有点疼，什么事儿都想不起来。”刘达明被哈军口中的消息打击了，他发现，眼前这些用熟悉口吻跟他交流的人，他一个也不认识，自己真的失去了记忆吗？

兰轩儿垂首，抱住关渔，摩挲着他的头，“关渔，你到底要怎么样啊？我错了，我刚才不应该骂你！我以前也不应该骂你，也不应该不接你的电话。关渔，我错了，我错了还不行吗？你别吓唬我！”

哈妮从屋外回来，在一边帮腔，“是啊，关渔，你出了车祸之后，兰轩儿一直守着你，她为了你的整容手术到处借钱，差点被那个流氓祝家庄侮辱了，她还去找了她的浑蛋前男友。就算之前你要和你爸回老家了，兰轩儿不接你的电话，也是为了你好啊！”

刘达明懵懵懂懂，完全不明白哈妮在说什么，脑子里翻来覆去就一个念头：整容？我毁容了吗？我的脸！

哈军叹息一声，“你放心，我把我的老婆本都拿出来了，加上兰轩儿凑的钱，你的脸算保住了。等一个月以后拆纱布，你就可以重新见人了。”

兰轩儿不甘心地凑到刘达明眼前，“关渔，你一点都记不起我了吗？”

“我的名字叫关渔？是吗？”刘达明迷迷糊糊地问，脑子里全是糨糊。

兰轩儿笑了，格外可爱，“是的！你叫关渔！关渔，你是这个世界上最坚强最乐观的人，所以我们要好好加油，我一定会让你记起来我是谁的！”

“但，你是谁啊？”刘达明可怜巴巴地追问一句。

四

❤

刘达明一天比一天暴躁。醒来的时候，也用被子蒙着头。他发现自己像是做了个梦，到底以前那个真实的自己是怎么样的，自己已经很难想起了。身边这些古怪的熟人，自己又一个都不记得。内心的惶恐和郁闷，让他懒得说话。

“关渔，你怎么了？”哈妮小心翼翼地问。

“我不要在这里住了！”

“你想住哪儿？”

“我也不知道，总之我不能住在这儿！”

“关渔，这儿就不错了，你在面馆时，把几张桌子一拼，呼呼大睡，谁叫都不醒！这不比咱们面馆条件好吗？对了，我是哈总！”哈军过来规劝，还不忘介绍自己的身份。

“你确定你说的是我？”

“就是你。你偷懒的时候，面缸和平板车也睡过。还有，我是哈总！”

“不可能！我怎么会去睡面缸！”

“你一个失业大学生不睡厕所就不错了！”

“失业大学生？”

“你以为自己是白马王子呀！你要是王子，我就是皇上了！关渔，失忆不可怕，可怕的是忘本！你记不得事儿了，怎么连价值观也变了？最后说一句，我是哈总！”

刘达明自言自语地嘟囔着：“我变了吗？”

“行了行了，先喝口汤吧！你这样要是让兰轩儿看见，她更受不了！虽然我们是车祸之后才认识的，但看她一个女孩，为了你东奔西走，绝对是个好女孩。”

刘达明把汤直接吐了，“什么汤？这么难喝！这是什么鬼病房啊！我要换病房！我要换病房！”

兰轩儿在门外探了下头，对哈军和哈妮招招手。哈军和哈妮走了出去。医生和兰轩儿站在走廊里，显然是要大家了解下关渔的病情。

哈军皱着眉，“关渔这变化太大了，喝口蛋汤都直接吐了，嘴里嚷嚷着换顶级病房，我不答应还和我急了！最可恶的是连一声哈总也不叫！”

“你们说，这还是以前的关渔吗？”

“这鬼门关走一遭，让他像变了一个人。医生，我们说的这些症状，还有救吗？”兰轩儿问。

“现在你们能做的，就是把过去和他相关的照片啊，日记啊，录像带啊给他看看，尽可能引起他的回忆。”医生无奈地给出了自己最后的建议。

医生走后，三个人商量了下，发现都没有关渔以前的东西。兰轩儿突然若有所思，转身就跑，半小时后，拎着个蛋糕盒走进病房。

刘达明无辜地坐在床上，“你是兰，兰……”

“兰轩儿，你还是记不得我的名字。没关系，绝望是一劳永逸的，希望是充满坎坷的！我的食疗一定要让你恢复记忆！”

“食疗？”

“医生说让你尽量接触熟悉的东西，我想了想，我没和你拍过照片，但是我和你吃过饭。我把咱们以前吃过的东西给你带来！希望能帮你恢复。”

刘达明双眼放光地接过蛋糕，“兰轩儿，还是你对我好。哈军这个家伙，整天就给我喝蛋汤！”

哈妮拎着食盒匆匆进来，端出一大碗牛肉面，闻了一下，表情沉醉，“上等的葱花牛肉面啊！关渔，这可是你最熟悉的东西，来，吃吧，找到当初的回忆。”刘达明无奈地放下咬了两口的蛋糕，吃了两口面，忍不住呕吐出来。

真关渔的病情，也日趋稳定。他表现出的是一种陌生和敬畏，显得有点畏畏缩缩的。

杨国忠别有心思地拿着一份当天的报纸走进来。关渔正在努力地想着医生的话，这一切让他不敢接受自己真的失忆了。难道面前的杨国忠和阎玉环真的是自己的朋友，为什么自己完全不记得了？

杨国忠谄媚地说：“王子，这是今天的报纸和杂志，可千万别撕了啊，弄坏是要赔很多钱的。”

关渔接过去，追问了一句：“还要赔钱？”

“没关系的，你看吧，今天娱乐版头条是一个叫什么刚的组合火了。”杨国忠心中暗自得意——刘达明有一件事，骗得了别人，骗不了他！那就是每次当刘达明看到报纸的娱乐头条不是他的时候，就会变得疯狂！报纸会被他撕成碎片！

这就是刘达明的秘密！杨国忠要借此判断，刘达明到底是真失忆，还是装单纯，真相只有一个！

关渔举着报纸，静静地看着。杨国忠凑过来，“王子，有事就叫我。别忘了看娱乐头条！”

“哦。”关渔随口应了一声，“我不爱看什么娱乐八卦，有没有经济方面的消息？”

杨国忠转身出门，在走廊里爆发出一阵大笑，“看来刘达明真的失忆了，简直是天助我也！”

五

♥

医生给刘达明做了详细的检查，拿着检查结果，表示可以拆线。刘达明的各项指标都很正常，只是体重增长让医生挠头。

刘达明一脸的不情愿，这体重增长，完全不是自己的错。兰轩儿和哈氏兄妹实在是太彪悍了！每天送来的密密麻麻的全都是主食，坚持说是为了帮助关渔找回记忆，看着他一口一口地吞下去才算作罢。

病房的病友最初还觉得颇为羡慕，在刘达明因为吃得肚子过胀，失眠几天后，看向他的眼神就变成了怜悯。没人照料是凄凉悲惨，过度照料，也让人意志崩溃。

兰轩儿充满深情地凑上前，“关渔，我希望你知道，无论你的脸恢复得怎么样，我们都会支持你，为你加油的！”她拿出一个幸运符塞给刘达明，“这是一个我亲手做的幸运符，送给你。”

刘达明故作轻松地说：“放心放心，我底子好，就算失败了，也比一般人帅得多。再说我也会坚强的，人生的路还有很长，我才刚刚开始。我相信有你们这些朋友在身边，我会很幸福的。”

众人松了口气，病友们纷纷大力鼓掌为他加油。

“那我开始了啊。”医生开始小心翼翼地拆去刘达明脸上的绷带。兰轩儿众人忍不住发出惊呼。

刘达明的心猛地提起，“怎么了？”

“太，太，太完美了。这简直就和以前一模一样啊。”哈军说。

兰轩儿激动得热泪盈眶，“关渔，你回来了！回来了……”

刘达明四处寻找着镜子，哈妮善解人意地把镜子拿在胸前，站在了刘达明身前。镜子里，关渔的样子呈现在他眼前。

刘达明瞪大眼睛，镜子里的人也瞪大眼睛。刘达明张开嘴巴，镜子里的人也张开嘴巴。刘达明颤抖着声音问：“这，这个人是我？”他接受不了这么沉重的打击，再次晕了过去。

哈妮连忙含了口水喷到刘达明脸上。刘达明幽幽地发出一声叹息，转醒过来。兰轩儿紧张地问：“关渔，你感觉怎么样？”

刘达明极度虚弱地说：“我想去死！”说完，不知哪里来的力气，跃下床，来到窗口想拉开窗户向下跳。病房里的病友们眼疾手快，冲上来死拉硬拽，拖住了刘达明。

“你要干什么！”兰轩儿愤怒地冲过来，揪住了刘达明的衣服，咬牙切齿地质问。

“医生，这是怎么回事？他这是高兴吗？”哈军想从医生这里找到答案。

医生摇摇头，“这，此前没有先例啊，我也不知道。”

刘达明对着窗外怒吼一声，“天哪！我太丑了！我怎么是这副模样啊！我还怎么活下去啊！这张脸不是我的！”

众人异口同声道：“可这就是你啊！”

“骗人！怎么会这么丑？”

兰轩儿鼻子发酸，“你不是说你会坚强的吗？你的人生不是还很长吗？”

刘达明把头用力朝墙上撞，“我坚强不到这份儿上啊，长这个样子，人生的路越长，越是悲剧啊！”

哈妮疑惑不解地说：“这个关渔，想要多帅啊？难道他想趁机整成刘达明不成？”

关渔显然要比刘达明幸运一些。拆了线的关渔站在镜子面前，一身正装，显得英俊潇洒。他摸摸脸，张张嘴，动动牙齿，一回头，一脸喜色地看着阎玉环，“这真的是我？”

阎玉环泪流满面，激动得泣不成声，以前的那个刘达明回来了。杨国忠手舞足蹈，“太好了，现在的医学太发达了！”

关渔忍不住再次看看镜子，“要说还真帅！”

楼下传来一声凄厉的惨叫！

关渔奇怪地问到底发生了什么事情。一个护士嘴快，透露说，楼下有个病人因为自己难看闹自杀，已经三回了。

护士突然意识到什么似的，发疯一样跑出病房，扯着嗓子大喊：“刘达明复原了！刘达明在这儿，快来要签名！”

整个楼层的护士们纷纷拥了进来，将感到莫名其妙的关渔围住。关渔异常激动：我真的有这么帅吗？有这么大的魅力！

阎玉环站在病房角落里，看着关渔英俊的面庞发呆：达明，你还是那么迷人，没关系，我们可以重新开始！

杨国忠则趁机溜了出去，他压抑不住自己的奸笑——这么大的车祸，一整容就恢复如初。加上刘达明失忆，撞得好啊，这一撞，给我杨国忠撞出一片新天地！

Chapter 6

变不变不由你说

爱情用钱买不到，但接近爱情的机会，用钱一定买得到。地球上，说不在乎钱的，只能证明他有足够的钱。

靠强势来绑住男人，只能把男人的心弄得越发疏远，远到可能直达M76星云!

命运这件事，你越想改变，它就越和你对着干，等你决定随遇而安并找出乐趣时，你会发现，它自个变了。

一

出租屋的门敞开着，楼道里有风吹过，门发出咣当咣当的轻响。一脸憔悴的兰轩儿似乎没有发现异常，浑浑噩噩地推门进了房。

一个人对另一个人的误解，能够深到什么地步？这个问题显然没有答案，当先入为主的印象在内心里根深蒂固，任凭你再明显的正面举动，也会被对方勾兑成一种阴谋。

关渔的爸爸对兰轩儿有着很深的误解。他得到儿子的消息后，匆忙从长沙不眠不休地赶来，进入医院的住院楼时，正好遇到了准备回家的兰轩儿。

关渔爸爸的神色立刻警惕了起来，像审查犯人一样质问兰轩儿，到这里来干吗？仿佛，一个不小心，兰轩儿就会将关渔囫囵吞下去，连渣都不剩。

兰轩儿用哀求的眼神，看了看关渔的爸爸。关渔的爸爸怒道："你走吧，关渔不想见你！"

他连病房都没入，就对从病房里出来的自己说这样的话，兰轩儿感到好笑，"关渔不想见我，我知道。他现在连自己都不想见。"

说完，兰轩儿不欲过多纠缠，转身离开，忽然又站住，补充道："叔叔，关渔失忆了。"

兰轩儿出租房的小客厅内，闫刚正惬意地半躺在沙发上，他手里拿着从兰轩儿冰箱里翻出来的剩饭，吃得正香，手边还放着一瓶喝了一半的小酒。

沙发一边，扔着他那简单的行李。看到兰轩儿失魂落魄地进了屋，闫刚连忙站起来，一脸笑容，"闺女，你爸爸我又回来了。"

烦，兰轩儿无奈地看了一眼闫刚。自从兰轩儿被售楼部开除时，看到闫刚令她作呕的一面后，她就没打算再认这个父亲。

可是，闫刚却神通广大，几天后，醉醺醺地站在了兰轩儿出租屋的门前。他身上摔得到处都是泥巴和污秽，哭着上演了一幕寻女的好戏。兰轩儿虽然不待见这个男人，又觉得他委实有些可怜，就答应了他在自己这里暂住一夜的要求。

那一夜，兰轩儿一直在追问闫刚为什么要丢下自己和母亲。闫刚显然没有真醉，更不会吐什么真言，他在关键问题上总是东拉西扯，让兰轩儿觉得这个男人落到如今这个地步，可恨多于可怜。

黎明，兰轩儿就赶走了闫刚，她对闫刚彻底失望了。没想到，现在他竟然厚着脸皮再次杀了回来。

忽然间，兰轩儿觉得有些不对，房间沙发前铺的波斯地毯，此时不翼而飞。她冷着脸询问："闫刚，我铺在这儿的地毯呢？"

"那个太碍眼，清洁起来又麻烦，所以我处理了！"闫刚一脸"慈祥"地望着兰轩儿，"乖女儿，我是怕你打扫得太累啊。"

"滚！"

看兰轩儿横眉竖目的样子，闫刚失落地摇摇头，"你赶我走？好！我走，可是，我们很快会再见面的。"

刘达明醒来，关渔的爸爸一脸关切地喊着："儿子，儿子，关渔。"

他瞥了一眼面前这张带着焦灼的陌生的脸，"你谁啊，怎么上来就充长辈啊？"

"我是你爸爸啊，关渔，你好好想想。"

"你真是我爸？"刘达明惊慌了起来，仔细端详关渔爸爸的脸。

关渔爸爸苦涩地摇摇头，事情搞大了。接到哈军的电话后，他就马不停蹄地赶了过来，没想到，事情这么麻烦。

哈军一脸严肃地出现在刘达明的视线里，"叫爸！我以哈总的身份保证，这个绝对是你亲爸爸！”

刘达明急了，努力了半天，露出一副便秘的表情，“我叫不出口，哈总。”

关渔的爸爸眼圈开始发红，一把抓住刘达明的手，“走，咱们不在上海了，跟爸爸回家！只要回到长沙，你什么都会想起来的。”

刘达明摇摇头：笑话，我又不确定和你的关系，我敢跟你回去?

哈军见缝插针，连忙规劝道：“回家吧，回去多好，有吃有喝，不用在上海受罪了。”他有自己的想法，毕竟“关渔”这样子，留在上海，面馆不能不管，但现在的他能做点什么呢?

“什么长沙，湖南！我对那儿没一点印象，我只记得上海，只有上海跟我有关！我不会上当的！”刘达明没了耐性，歇斯底里地叫嚷起来。

哈军怕刘达明过度激动，忙上前劝阻，“关叔叔，请借一步说话。”

病房门外，哈军将车祸前后的事情详细地说了一遍，重点当然在于他的那些“老婆本”。

“这么说，这次是我冤枉了兰轩儿？”关渔爸爸狠狠地敲了敲自己的头，一脸懊悔。

“没错，”哈妮扳着手指，“医药费的保证金，后面的整容医疗费及住院费，前前后后大约花了十万。我哥拿出二万五，其他的钱都是兰轩儿去张罗求人借来的，因此还被想占便宜没占成的领导停职了！”

“哎，这还不算我和哈妮面馆关门，待在医院的成本呢。”哈军适时地插了一句。

关渔的爸爸握住哈军的手，“放心，这笔钱我会想办法还给你们的。”

哈军忙问：“那现在，您有什么打算，您是要带他回长沙，还是让关渔继续在我的企业工作？”

关渔爸爸面有难色，“关渔妈妈身体不好，关渔的事儿我一直瞒着她。现在关渔这个样子回去，我怕他妈妈受不了这个刺激。”

哈妮拽拽哈军的袖子，低声说：“哥，让关渔出院回面馆吧，怎么说他也是在买菜回来时受的工伤。”

哈军忧心忡忡的，谁知道关渔回去后，还能不能像以前一样干活。他看了看关渔爸爸身上的警服，忙点头说：“好说好说，叔叔，就让他先出院回面馆吧。”

哈妮满脸微笑冲哈军伸出大拇指，“哥，你是个勇于照顾员工的好老板！”

哈军哭丧着脸，挤出个难看的笑容，心里盘算着：完了，就关渔现在大少一样的做派，这以后的吃喝拉撒，都要算在我的头上了！

看了眼床头的闹钟，兰轩儿快速地起床，简单地收拾了一下，就准备去医院。每天，兰轩儿都抱有一点点的奢望，希望关渔能有改变，能认识自己，哪怕发自内心地想起自己到底是谁。

打开门，闫刚端着一杯热气腾腾的豆浆，站在卧室门外，“从现在开始，我要当一个合格的父亲，每天早上亲手给我的女儿做好吃的，均衡营养。”他叹了口气，“闺女，你太辛苦了，需要一个人照顾你的生活。我看着你现在这样子，心里别提多难受了。”

兰轩儿眼圈有些发红，自从关渔出事后，她的内心就变得异常柔软起来。一股莫名的情愫，让她看着闫刚，也不像以前那么反感。就像关渔一样，当初自己因为他爸爸的要求，带着赌气的成分，不再理睬他，但现在她几乎失去了这个爱自己的人。

如果坚持自己的执拗，谁知道类似的悲剧会不会再次发生。

兰轩儿接过豆浆，啜了一口，“我问你，如果有这么一个人，我和他非亲非故——他现在有困难，出了车祸，什么都不记得——如果我要带他回来住，我是不是个疯子？”

“那人是不是叫关渔？”

兰轩儿瞪大眼睛看着闫刚。闫刚讪讪一笑，“你说梦话的时候说到了这个名字。”他内心琢磨着：同意，还是反对。我要是鼓励她带别人回来住，无形中就有了个竞争对手！我要是反对呢，就是见死不救，会损失很多形象分。

闫刚忽然提高声音，豪气干云地嚷起来，吓了兰轩儿一跳，“带回来！咱不能见死不救，落井下石。”他的眼圈微红，“女儿啊，作为曾经一个无家可归的人，你爸爸我知道那感觉多难受。”

从沙发边拎起自己的行李，闫刚决绝地说：“你必须带他回来照顾，我走！”

“不用！你也可以留下来。”兰轩儿低头讷讷地说，“我想，如果你足够善良的话，我会认下你这个爸爸。”

二

刘达明的豪华房车停在病房楼门口。阿牛从车上走下来，殷勤地打开另一侧车门。杨国忠走下车，派头十足地看看周围，趾高气扬地刚要说话，一坨鸟屎落在肩头，他顿时气急败坏起来。

后面的车中，刘达明的管家、用人，拿着鲜花、崭新的衣服，排队准备进病房。

这时，另外一支豪华车队插了进来，堵住了住院部的楼门。阎玉环穿着性感地从车上下来，看都不看杨国忠一眼，迈步向病房走去。杨国忠一溜小跑跟过去，“阎小姐，你知道我今天要接达明出院啊？”

“你接？是我来接达明跟我走！”

“你是来抢人的？”杨国忠脸色难看起来，“阎小姐，你要讲江湖规矩，我可是他经纪人。”

“规矩？”阎玉环冷笑一声，“我就是规矩。”说完一挥手，几个黑衣保镖挡住杨国忠的去路。

关渔坐在沙发上，玩弄天气遥控器。病房一会儿变成春天一会儿又变成冬天，飘散着人工雪花。阎玉环走进病房，一头钻进关渔的怀抱，小女孩一样地撒娇。关渔吓得把遥控器掉在了地上，不知所措。

杨国忠终于在管家等人的帮助下，突破了保镖们的阻拦，衣冠不整、发型凌乱地冲进病房，“刘达明是我的人，您高抬贵手！”

阎玉环脸上冷得像北极的千年冰块，从关渔怀里站起来，“达明凭什么是你的人！我阎玉环想要的东西，从来没有失手过！”

“你跟达明才几天交情？我可是从他十岁开始就陪着他！达明，你说，你跟谁走？”杨国忠凑上前来，“达明，我是你国忠大哥，杨大哥！你谁都可以不记得，但不能不记得我啊。这十几年，咱们风里来雨里去，不容易啊！”

阎玉环一把推开杨国忠，“闪开！又来这套苦情戏蒙蔽达明！达明，我是玉环，你最爱的女人。你说过，只要我幸福，就算是去火星你也会陪我一起去的！”

杨国忠拽着关渔的左胳膊，“达明别听她的，女人如衣服，扔了一件还有一件。”

阎玉环拽着关渔的右胳膊，“你给我闭嘴，你才是被达明抛弃的破衣服！达明跟我说过，早就厌烦跟你合作了！”

几个黑衣保镖冲进来，将杨国忠拖到一边，摁在墙上。其余几个保镖将刘达明从床上搀扶下来带走。

杨国忠怒不可遏，挣扎着大喊：“阎玉环！我要起诉你！”

阎玉环把关渔送进提前订好的五星级酒店的包间。关渔无来由一阵紧张，阎玉环含怨带嗔道：“达明，看着我的眼睛。”

关渔哪见过这样的美女阵势，又紧张又为难，“看眼睛？”他瞥了一眼阎玉环立马又移开眼神，“这不好吧？我们又不熟。”

阎玉环委屈地扑过来，“我们不熟？你居然说我们不熟！吻我！”

关渔紧张不已地推开了阎玉环，“别这样，阎小姐。”

阎玉环平复了一下心情，冷静地说："我不管你是真失忆，还是装失忆，请你记好我的名字，我叫阎玉环。你的脸是我找回来的，你也是我找回来的。从现在开始，你只能是我一个人的。"

关渔连连后退，"我想回家。"

"这就是你的家，这里就是咱们的家，你真的不记得了吗？就是在这里，我们的爱情就是从这里开始的。刘达明，你怎么可以这样对我？你摸摸这个枕头，这上面的温度还没有消失，你居然就不记得我了。"阎玉环拉着关渔的手，让他抚摸自己的衣服，"还记得这件衣服吗？这是我们第一次见面的时候我穿的。任何一件衣服，不管它有多昂贵，我从来不会穿第二次，但是这件衣服，我穿了很多次。"阎玉环又拿出一条丝巾，"你还记得这条丝巾吗？如果不是因为它，我们永远也不会认识。"

阎玉环将关渔的手按在自己的脸上，"摸摸我的脸，我不相信你真的会忘记我！我不相信，你会用这种方式忘记我，我不相信你会用这种方式结束我们的关系。"

关渔被逼得哭了起来。阎玉环以为他被感动了，震惊地喊："你哭了！你居然为我哭了！"说着朝关渔逼近，关渔一点一点地后退，"你，你要干吗？"

门外传来一阵剧烈的敲门声，关渔拔腿朝门口奔去，打开了门。杨国忠气恼地站在门外，关渔一把抱住了他，"忠哥！我不想待在这里，救救我！"

杨国忠得意扬扬，对阎玉环说："怎么样，现在我可以带王子走了吧？"

阎玉环大喊一声："不行！"

杨国忠得意地摇摇手中的手机，"你想把他软禁呀？违法的哦！况且我来之前，已经跟令尊请示过了！"

阎玉环听到父亲的名号，狠狠地从牙缝中挤出两个字："卑鄙！"

杨国忠大获全胜，带着关渔志得意满地离去。

雕花大铁门缓缓打开，杨国忠从副驾驶位下车，打开车门。关渔神态迟疑、缩头探脑地看着车外。

杨国忠微笑不语，一挥手，天空中出现一个礼花弹。

“还记得咱们共同的梦想吗？无论走到哪儿，都有人铺红地毯。”一圈红地毯滚动到了车前。车内的关渔被吓坏了，没敢动。

杨国忠伸出手，“来，我扶你，就像你第一次参加金曲奖颁奖晚会一样。”杨国忠一把将关渔拖出来，向大门走去。

关渔东张西望，“这不是我家，我一点印象都没有。”

“你失忆了，车祸后遗症。暂时记不起很正常，在熟悉的环境中生活几天就会想起来。”

豪华大客厅内十名用人，分两排站好，男左女右，“王子好，欢迎王子平安归来！”每个人保持九十度鞠躬姿势不动。

关渔傻愣愣地站在那里，杨国忠同情地摇摇头，“管家，王子出车祸后，脑袋受撞击，暂时失忆了，今后这种不大正常的事会经常出现。你要带领全体员工帮助他，让他适应。各位，起来吧。”

关渔转身欲往外走，被杨国忠拉住，“你去哪儿？”

“我想透透气。”

杨国忠把关渔扯回来，“去里面透气也是一样的！”

走在有十几个房间的走廊内，关渔有点疑惑——这么大的房子，什么时候成了自己的家？杨国忠将他带进卧室，房间内装修简洁时尚，一进门处有两面大镜子，床头挂着主人的超大艺术照。

杨国忠说：“达明，这儿没有外人，你自在点儿了吧？我们谈谈与芍药姐妹影视传媒集团的合同问题。这份合约在你受伤之前就谈了。现在咱们还是早决定，人家也好着手包装，帮你伤后复出造势，做个大型推广。”

关渔完全听不明白，他觉得听不明白的事，一定要谨慎，不然搞不好是要赔钱的，“有点累了，过几天再谈好不好？”

杨国忠见他松了口，没再勉强，只要刘达明不再反感，这事就很好办。

深夜，关渔躺在豪华的床上，辗转难眠。突然，杨国忠表情冷峻，手里拎着一个沉重的箱子走进来，关上门。箱子一甩！啪啪打开，里面整整齐齐都是钞票。在关渔一脸的错愕中，杨国忠扑通一声跪下，泪流满面地说："达明，我们多少年的朋友了，你原谅我吧！我不该私下和芍药姐妹的邵总接触，还拍着胸脯答应了人家一定会签约！是我一时糊涂，求求你，救救我吧！"

杨国忠偷眼看看关渔，这使他想起了"逼宫"的把戏。关渔则完全被眼前箱子里的钱吸引了，根本忘记了杨国忠是谁。

杨国忠凑过去，把箱子里的钱倒了出来，铺满了大半个床，"达明，这是我为你争取的。他们很有诚意，只要签约，这些钱都是你的，而且是首期。"

关渔一把抓过笔来，动作迅捷，在合同上胡乱画了几笔。杨国忠一把抱住关渔，欣喜若狂，"达明，我，我真不知道该说什么好！明天我去开新闻发布会！"

关渔目送他离开，把箱子塞到床下，犹豫一会儿，重新把箱子拖出来，打开衣柜塞了进去，依旧感到不够安全，最后，他干脆把箱子抱到床上，整个人侧身抱着那个箱子，才昏昏沉沉地睡了过去。

三

清晨，刘达明从一块硬木板床上醒来。兰轩儿没想到，哈氏兄妹还愿意接关渔回面馆。冷静下来想想自己那个不靠谱的爸爸，兰轩儿觉得，关渔回面馆也许比跟自己回家好得多。

哈军眼睛直盯着刘达明，"你该起床了，为面馆创造收益！你知道这段时间，我损失了多少收入吗？”

刘达明愣愣地看着周围，“兄弟，我以前真的在这儿工作吗？”

“看来你是傻了。这就是你曾经生活和战斗过的地方，我是你老板，叫哈总。”

兰轩儿放心不下关渔，一早赶过来看他。刘达明大口吃面，没有任何反应，似乎兰轩儿是一团空气。兰轩儿只好盯着刘达明看了一会儿，默默地走出店外。哈妮不满地推了推刘达明，“人家来看你，你还不去送送！”说着强推他出了面馆。

刘达明不满地嘟囔着：“这帮人怎么一点都不尊重我。”

兰轩儿看着店内的哈妮，有些出神地说：“其实他们对你很好的！”

“好什么，这都是什么鬼地方？我以前真的生活在这里吗？我有像他们说的那么喜欢你、爱你吗？”

兰轩儿缓缓地走上前，“为什么你对自己这么怀疑，关渔，你是一个乐观、勇于表现自己想法的人。你不会去计较后果，虽然有时候比较冲动，但你的本质是善良可爱的。”

刘达明有些意外，“我是这样的人吗？”

“是的，这也是我最喜欢你的地方。”

刘达明疑惑地摇头。

“你为了替我还债，瞒着我到减压会所被人打，赚血汗钱。我看到你身上的伤，你知道我有多心痛难过吗？”

刘达明笑了，兰轩儿说的这个人是个傻子，自己是绝对不会做这种事情的。感到无聊的刘达明转身回到面馆，哈军指着一盆碗让他洗碗。片刻，厨房传来东西被打碎的声音，刘达明走出来，低头不语。

哈妮凑过来，关切地问：“碗摔了？没事儿，碎碎平安。”

哈军怒气冲冲走出来，“哈妮，买碗去。这下平安一辈子了，就算特意摔也摔不了这么齐，一个都没剩！”说完，他仰天长叹，“我的命怎么这么苦！创业阶段遇到了这么个折磨我的人！”

“知道什么是创业吗？”哈军忽然好脾气地问刘达明，他耐心地传道授业解惑，“知道为什么孙悟空能大闹天宫，却打不过取经路上的小妖怪吗？因为取经路上碰到的妖怪，都是自己出来创业！创业，就是要对自己狠一点！创业就要对别人狠一点！懂不懂？你给我记住了，每天早六点半起床揉面，八点营业跑堂，晚上九点收摊！”

早上五点，哈军发现刘达明完全没起来的意思。这让哈军愤怒了，跑过去将他推醒。

刘达明迷迷糊糊地说：“叫我王子！”

“王子？你要是王子，我就是国王了！”哈军粗暴地把被单掀了，“你睡得倒香呀，起来！”

“哈总，这才几点，天都没亮。”

“等天亮了，黄花菜都凉了，赶紧和面去！”

刘达明猛地坐起来，“和面，和面是什么意思？”

“不会吧，医院说你失忆，我看你失去的是智商！和面就是面加上水揉！你趴那儿，我教你怎么和！”

哈军把刘达明给按住，猛揉他的背。刘达明疼得哇哇叫！哈军得意扬扬地说：“这下你会了吧？”

刘达明一边放面粉一边加水，动作潇洒，屋子飞扬的面粉再加上窗下逆光，气氛迷离。哈妮看呆了，“哇，太帅了。”刚才那句话，刘达明觉得非常耳熟。他喃喃地说：“我好像记得，有一大堆女孩，成天围着我说这句话。”

“我发现，你被撞之后变得自恋、臭美不少。”哈妮用手沾面粉涂在他脸上，看着他的脸大笑。

哈军走进厨房，“你干什么？不和面在泡妞呀？”

哈妮羞涩地低下头。哈军把一盆碗筷往刘达明面前一放，“洗碗！这次再碎了，不发工钱！”

刘达明看着面前的碗，“喂，哈总，这么多，我一个人洗？找几个保姆来做，钟点工也行，你看我的手，都粗糙啦！”

哈军睁大眼睛看着他，“你现在还穷讲究起来？是不是欠扁？”说着举起拳头。

“好好！我洗！”刘达明嘟囔着，“哈总，我总有种感觉，我不是在这里洗碗的关渔，我不应该是个面馆打杂的。我，我应该是那种万众瞩目的人，是那种接受所有人崇拜的人！”

“我看你不是失忆也不是傻，你完全是人格分裂！你们家是不是有精神病史？”

刘达明叹了一口气，“我连我自己是谁都不记得了，还能记得我家的事？哈总，你跟我说说，我到底是个什么样的人？”

“这不好说，很难形容。但有一点可以确定，智商还不如外表呢！”

“你说说，怎么不如了。”

“我问你，兰轩儿是不是很漂亮？”

“漂亮？充其量也就是一般，怎么了？”

“就这一般的兰轩儿，你就为她疯狂，把自己害惨了。每次她借钱，无论什么情况，你有没有钱，你都会借给她。你说这是什么情况？”

“这么说，我以前很有钱？”

“不，你一点儿钱都没有，严格来说，你根本就是个穷光蛋！你为了借钱给兰轩儿，把你爸要你买房子的钱都搭进去了。”

“那兰轩儿借钱，是有什么急用吗？”刘达明思索了一下，继续追问。

“没有。她跟一般女孩一样，喜欢名牌，把信用卡刷爆了，银行逼她还债……”

刘达明蔑视地看着哈军，“我就这样借钱给她，我不会是个傻子吧？”

“关渔，你是个人才！”哈军点点头，一副中肯的样子。

刘达明大声咆哮道：“你当我傻啊！我模糊记得以前跟人家签约，我非常难缠刁钻，我怎么会那么笨？”

兰轩儿趁午间休息，再次来到了面馆。刘达明扔下手里的活儿，气势汹汹地走到兰轩儿面前，要她还钱。

眼泪在兰轩儿的眼圈里打转。刘达明冷笑着看兰轩儿：这时候，还装什么无辜。这种把戏我见得多了，别想靠一点眼泪就让我心软，我素来是对女人眼泪有免疫的男人。

哈妮拉住刘达明，“关渔，你有毛病？怎么可以这样说话呢？你知不知道兰轩儿为了你，做了多少事啊？”

“我这么说，已经很客气了！欠债还钱，天经地义！”

面馆里吃饭的人一股脑扭过头看兰轩儿。兰轩儿又羞又气，伤心地跑了出去。刘达明立刻追出去，一把揪住兰轩儿，“你给我站住！”

兰轩儿难以置信地看着他，“你怎么了？我是兰轩儿，你怎么会这样说我？”

“我告诉你，别再跟我拉关系。我在江湖道上这么多年，只有我对不起别人的份，就没人敢打我的主意！没想到我居然会被你这样一个女人骗了！你今天不还钱，你别想走！”

兰轩儿看他的眼神里充满了绝望，“关渔！你变了！”

“别废话，马上还钱！你这种女人我见多了，为了钱什么都做得出来，别仗着有几分姿色，就到处招摇撞骗。”兰轩儿愤怒地挥手，给刘达明一个耳光。刘达明一愣，表情凶狠冷酷，动手揪住兰轩儿。

关渔的爸爸是在离开上海前，最后来看儿子的，远远地就看到了这一幕。他急速跑过来，一把扯开了刘达明。看到这个冒充自己“爸爸”的男人凶神恶煞的样子，刘达明蔫巴巴地回了面馆，一边嘟囔着：“我要和我的过去一刀两断！”

关渔的爸爸拉住兰轩儿，“他失忆了，你别怪他。你的事儿我都听说了，以前是我误会了你。”

兰轩儿忍着泪水摇了摇头，转身跑开。关渔的爸爸看着她踉跄的背影，摇头叹息。

兰轩儿不知跑出去多远，扶着路灯柱停下来，忍不住流下眼泪。想到这一段时间为了关渔所受的委屈，兰轩儿大声叫骂道：“关渔，你这个浑蛋，竟然这样伤我的心！”

她发疯一样冲进商场，拿出信用卡，“看中的，我全要了！”

四

自从得到了阎刚的含混话，杨国忠就像拿到了撒手锏一样，对阎玉环不再那么惧怕和忍让。作为一个善于揣摩别人心思的人，他明白，阎刚目前也许根本不赞成阎玉环继续跟刘达明来往——哪个父母愿意女儿找一个失忆的病人，而刘达明显然又不是什么招老人喜欢的乖宝宝。

当阎玉环来找刘达明时，杨国忠皮笑肉不笑地将她拦下，“阎小姐，这么好的天气不在外面兜风，来看达明，真是有心了。”

“这么好的天，杨大经纪人不去到处找合同，也能在这里关照达明，更有心了。”

杨国忠晃晃手中的手机，“我刚接到阎先生的电话，托小姐的福，我杨某人能结识阎先生，三生有幸。不过既然阎小姐对达明这么执著，咱们明人不做暗事，上次我说的事，你考虑得如何了？”

阎玉环一笑，“我条件很简单，刘达明是我的人，我要在这里住下。”

“不行，一个明星正如日中天的时候，最害怕的是什么你应该知道。”

“按照我们所说的，你应该承认我是刘达明的未婚妻。”

杨国忠摇摇头，“据我了解，你父亲不看好你和刘达明的婚事。”

“我要在这里陪伴达明，至于其余的事，不用你费心！”

杨国忠缓和了一下语气，“成交！我退一步，这里欢迎你随时入住，但有两点，第一，你不能操之过急，强迫他。第二，咱们合作，从现在开始，你要为了达明和我介绍一些合同。”

被卖了还不知道的关渔，在房间中无所事事，想着那箱子钱该如何花。管家敲门走进房间，神态恭敬地邀请关王子品尝下午茶。

关渔在管家的引领下来到后花园。管家忽然兴趣盎然地问：“王子，您许久没见到迈克了，要不要叫迈克陪您一起享用下午茶。”

“迈克？什么东西？”

狗吠声传来，一条黑色的影子飞快地扑向关渔。关渔惨叫一声，撒腿就跑。他从小被狗追过，对狗有深刻的阴影，最怕的就是这种动物。管家和一干仆人笑嘻嘻地看着这追逐的场面，心中羡慕着王子对迈克的深爱，什么时间都不忘和它嬉戏一下，甚至表明要把遗产都留给它。

迈克一个虎跃，扑向关渔。关渔大惊失色，躲闪中失足落入水中，狗和关渔在水里纠缠。迈克龇牙咧嘴地吐着舌头，不断舔着关渔的脸。

关渔面色惨白，大叫：“快把它弄走！快呀！他要咬我了！”管家和走来的阎玉环都惊呆了。阎玉环纵身一跃，跳进水里。

看出苗头不对的管家，赶紧将狗弄走。阎玉环整个人缠在关渔身上，“亲爱的，你没事吧？”

“谢谢你救了我。你真是我女朋友？”

“我不是你女朋友。我是你的未婚妻。”阎玉环左手无名指上，一枚钻戒闪闪发光，“看到了没，咱们的订婚戒指，如果不是这场车祸，咱们就结婚了。”

关渔从水池里爬上来，下午茶陈列到他面前。大厨谄媚地介绍道：“今天给您做的是朗姆降霜草莓、戚风奶油蛋糕卷、沙拉三明治，配着您喜欢的意大利口味的咖啡。降霜草莓放了朗姆酒，味道很特别，您尝尝看。”

关渔咽咽口水，尝了一下，赞不绝口，“太好吃了！师傅你真棒，你在这

关渔看着宣传画，若有所思。

回程时，关渔固执地要求自己坐一辆车。杨国忠和阎玉环无奈，拿他的小性子没有丝毫办法。沉默了许久后，关渔开口，问司机小李：“师傅，你帮我开车有多长时间了？”

“快三年了，王子。”

“我问你，你觉得我和阎玉环的关系如何？”

司机微微一愣，“这我们做下人的，不好谈论这种事。”

“没关系，尽管说！”

“你们好像是要分手吧？”

关渔摸摸自己的头，被得到的消息震惊了，自己和阎玉环的关系原来如此。看样子，司机说的才是实话。关渔不傻，他之前就发现了一个疑点，如果阎玉环真的是自己的未婚妻，那自己怎么会用代言的免费戒指送给心爱的女人呢？他绝对会定制一对特殊的来表达爱意。

刘达明的别墅，成了杨国忠最近的据点。他的盘算很简单，借着失忆的机会，再把之前被刘达明搞砸的熊牌啤酒合约签回来。他想试探清楚，刘达明是否还记得拍熊牌啤酒广告被蜜蜂袭击的事情。如果不记得了，那一切都好谈。

杨国忠选择了早餐时间去找刘达明。通常，这是一个人心情最好的时段。

“达明，早起的鸟儿有食吃，我给你带好消息来了。”

“什么好消息？”

阎玉环笑眯眯地过来，端了一杯咖啡给关渔。

“一个啤酒品牌代言！就是上次，你去他们的啤酒节唱歌的那个。”杨国忠隐瞒不提之前拍广告的事。

“又是代言，什么啤酒？我没喝过，为什么要给他们代言？”

“产品好坏不是咱们需要考虑的事，我们只是代言，你是公众人物嘛！”

关渔认真地说：“我觉得不妥，正因为是公众人物，才要对这负责！”

“达明，你已经代言了十几个品牌，多这一两个也不算什么！”

“你把这个推了吧，我不想接！”

阎玉环笑吟吟地说：“我觉得达明说得对，起码先尝尝那个啤酒吧！如果真的很好，代言也是好事。”

关渔皱皱眉头，前几天这两个人还因为自己，水火不容，你争我抢。怎么现在变成了这种互相帮忙说话的状态？这似乎有些别扭的感觉。

Chapter 7

遗失的美好

口头说自己人生的路越长越悲催的人，肯定不会去缩短自己的人生。相比于麻木和无感，痛和怨恨都只是一味小小的调料。

记忆是上帝给予人最宝贵的财富之一。你喜欢，就可以很清晰；遇到意外，就可以“自主”失去，方便自己惨淡地直面人生。

一

疯狂血拼，让兰轩儿的心情略微愉悦了一些。回到家，她看到闫刚正在自己卧室内翻箱倒柜地找些什么。听到兰轩儿进门的声音，闫刚尴尬地走出了她的卧室。卧室内，衣服和包袋随意地扔了一地。

兰轩儿彻底爆发了，“我说过，不许你进我的房间，你忘了吗？你给我滚！”

闫刚委屈地低声说：“我可是你爸爸啊。”

“又想拿我的东西去卖，是不是？我没这样的小偷爸爸，你给我走，我不想再看到你！”

刘达明没有找到泄愤的手段，他把自己关在厨房里，说什么都不肯开门。关渔的爸爸无奈地将一包衣服交给哈军，他不知道儿子什么时候能够恢复正常。

“他不认我没关系，慢慢就会想起来。可刚才他对兰轩儿的态度让我太吃惊了，我都不认识这个儿子了。这几天你多帮我看着关渔，我会想办法带他回家。对了，我想见见那个兰轩儿，你有办法吗？”

“她好像在啤酒公司上班，熊牌啤酒，我这里有她的电话。”哈军掏出手机，找出兰轩儿的号码给关渔父亲。

刘达明躺在木板床上，从枕头底下掏出一个本子，翻开一页，急速地写着“兰轩儿，到处借钱的无耻女人，借了我十五万。一定要要回来”。

写完之后，刘达明索性坐了起来，“下面这首歌献给喜欢坑蒙拐骗的兰轩儿小姐！”

“拜托，别唱歌，你唱歌难听死了。”哈妮在屋外说。

“再好听的歌也得看是谁唱，如果是坏心眼的人唱，就很难听。”

“关渔，你太过分了，你怎么可以这样对待兰轩儿？”

刘达明脸一沉，“哈妮，就算你是老板的妹妹，你也没有权力干涉我的私事。”

“我才不想管你的事！我是怕你以后后悔，跟你把事情说清楚，你别听我哥胡说八道。我告诉你，你车祸的手术费是兰轩儿帮你借的！”

“她花了我那么多钱，这是应该的。”

“你错了，你欠她的不是用钱能还的。兰轩儿为了借钱到处碰壁，最后去向祝家庄借钱，那个该死的祝家庄非要兰轩儿陪他一个晚上……”

“她去了？”刘达明被这个内幕震撼了，打开门出去，抓住哈妮的手，失态地问。

“笨蛋！她要是不去，你现在还能站在这里？我最恨的就是你这种忘恩负义的人！你以后别跟我说话，要知道你会变成这样，当初就不应该管你。”哈妮甩开刘达明，愤然离开了。

刘达明傻了，他不知，为什么会隐约觉得自己有过很多女人。但那些女人和自己在一起，都是各取所需，从来没有一个女人为自己牺牲过什么。当得知兰轩儿为自己肯做那么大的牺牲，刘达明觉得必须为兰轩儿做点什么。刘达明找到兰轩儿的时候，兰轩儿冷着脸，“别拉我，我现在没钱。你放心，钱我会还给你的。”

“兰轩儿，我值得你这么做吗？哈妮全都告诉我了，你为了我的手术费，做了很大的牺牲，对吗？”

兰轩儿低下头，“你别说了，我想起我为了你做的那些事，我就后悔，求求你别再说了。”

“轩儿，我白天非常鲁莽，没搞清楚状况，请你原谅我。”刘达明看着掉泪的兰轩儿，突然冲上前去抱住她，用嘴去探索她的唇。兰轩儿扬手给了刘达明一记耳光，“我欠你钱，你就可以要流氓地欺负我？”

刘达明不以为意地一笑，“放心，我会给你个交代的。”

熊牌啤酒公司，刘达明一大早就等在这里。他对秘书说是祝家庄的表弟。秘书告诉刘达明，祝家庄在公司康乐室。

康乐室内，一阵难听的歌声传来。刘达明推开门，发现工作时间，祝家庄正在逍遥地唱歌，怀里还搂着一个年轻的女孩。想到兰轩儿也可能被他猥亵过，刘达明的怒火开始熊熊燃烧。

刘达明掏出手机，咔嚓咔嚓地照下这个场面。祝家庄回头看到了刘达明，“咦，你不是减压会所的‘超人’吗?

“对哦，你忘了。我在减压会所照顾过你的生意，不过你被我打后，再也没去上班了。怎么今天跑到我们公司来了？想找工作？”

刘达明眉毛扬了扬，“你痛打我？”说完不由分说，上去就是一记重拳！祝家庄头晕目眩地摔倒在地。刘达明抓住他，右手连连又是几个耳光。祝家庄嘴角流血，无力地瘫躺在地上，眼冒金星。

“当初你在会所挨打可是有钱拿，我付费了！”

“闭嘴，有几个臭钱了不起，就可以作践男人、欺负女人呀？说，你对兰轩儿做了什么？”

祝家庄脸有些发绿，“兰轩儿，我早就开除了她啊，我什么也没做啊。”

“你还开除了她。”刘达明举拳，祝家庄连连挥手，“别别，你听我说，事情是这样，我没占她便宜。她要我洗澡，趁机把我的衣服全都扔了，害得我没法出门，最后我打电话跟朋友求救送衣服才离开宾馆。所以我气不过，才开除她的。”

刘达明哈哈大笑起来，祝家庄小心翼翼地问：“兰轩儿是你什么人？”

“女朋友。祝家庄，我警告你，你太不上路，如果你不立刻帮她复职——”刘达明举起手机，“你的这些丑事，我都给你说出去！”

“好好好！”祝家庄彻底没了脾气，刚才还想拖延到有人发现，叫保安过来收拾刘达明，现在那些图片一旦被公司其他高层知道，恐怕自己的前途就不保了。

刘达明满意地点头一笑，打开伴唱，将麦克风递给祝家庄，“你来唱！”

画面上出现《征服》的MTV，刘达明大喊，“给我唱《征服》！”

“伯父，我会还钱的。您和关渔不用这么逼着我。”兰轩儿苦涩地笑了笑，看着站在路灯下的关渔父亲。

关渔的父亲尴尬地摇摇头，“我是专程来向你道歉的。我才知道我错了，而且伤害到你，非常抱歉。关渔出事后，你为他做了很多事。”

“伯父，您别这么说，那都是我应该做的。我有难的时候，关渔帮我连理由都不问。可是他现在变得太多了。”

“他说过什么话，做了些什么事，你都别当真，不要放在心上。希望你还是像以前一样关心他，帮助关渔找回自己。”

“我会尽力的，不过，”兰轩儿低下头，“他时好时坏，跟过去简直是两个人。”

“我已经跟领导提过，希望能够调到上海工作；如果不能，我会提早退休，把工作辞了，照顾关渔，帮助他恢复。我希望你能和我一起找回从前的关渔，兰轩儿，你能答应我吗？”

兰轩儿看着关渔的父亲，脸上露出了微笑，用力地点了点头。

二

刘达明坐在屋顶上看着星星。哈妮爬上来拍了拍他的肩膀。

“说来好奇怪，我这辈子好像从来没看过星星，我发现星星真美。”刘达明自言自语。

“你和兰轩儿和好了吗？”哈妮问。

“她真是我女朋友？我怎么对她都一点感觉都没有。”

哈妮撇撇嘴，“多好的姑娘，长得跟明星一样，但没一点明星的臭毛病。一般漂亮女孩，大多数心眼儿黑，认钱不认人。轩儿对你多好，你要是辜负了她，也太浑蛋了。你得加油把她追回来啊！”

“怎么追呢？从来都是女孩追我，我还真没主动追过别人。”

“就你？”哈妮摆出一副打死都不会相信的神色。

“你说说看，要怎么追？”

“首先是眼神。约会时眼神要深情，你会不会？我跟你说这得带感情，含情脉脉的。”

“眼神？以前好像有人叫我‘眼神帝’。你信不信，我只要看着你，十秒之内你一定感动得流泪。”

刘达明深情地凝望着哈妮。她的表情越来越慌张，压抑着自己狂跳的心，飞快地跑下屋顶，“不跟你说了，我去洗澡！”

兰轩儿住处楼下，刘达明不安地来回转着圈子，远远地看兰轩儿拎着东西回来，急忙走过去，想把袋子接过来。

“干吗？”兰轩儿没好气地问，“路遇搭讪啊？”

“不要随便地拒绝来跟你搭讪的人，说不定，他是你未来的老公，你说是吧？”

兰轩儿忍不住笑了起来，“想要搭讪，也有歪理。我总想偶遇个什么身价过亿的高、富、帅的来搭讪，可不是你这样的矮、穷、丑。”

刘达明从身后拿出一朵黄月季，递给兰轩儿，“我想问，你今后有什么打算？”

兰轩儿成竹在胸地说：“我的打算就是在年底前买到Jimmy Choo（周仰杰）的鞋子，LV的包包。”

刘达明按住额头，“上帝，你怎么会喜欢这些垃圾玩意。”

“我只是想告诉你，没车没房，泡面去吧你！”兰轩儿把花丢给刘达明，得意扬扬地离开了。

客厅里，透过窗户看到刚才一幕的闫刚一边吃面一边对兰轩儿的做法表示赞成，“女儿，你说得太对了。我告诉你，这种男人就是想缠着你，看你漂亮，出手又大方。不过你放心，只要爸爸在，谁都休想骗你。”

兰轩儿痴呆呆地出神。

“轩儿，绝对不能心慈手软，你刚说，他住院你帮他凑多少钱？”

“不是钱不钱的事。”

“那是什么事？”

“反正我觉得不对劲，关渔出院后给我的感觉，根本就不像以前的关渔。”

三

❤

办公室里，戴着大墨镜的祝家庄，引起了员工一阵窃窃私语。祝家庄咳嗽了一声，听到大家安静了下来，满意地点点头，他问秘书：“兰轩儿来了没有？”

兰轩儿从外面走进来，“怎么，良心发现，要给我遣散费？”

祝家庄的脸上瞬间露出自以为迷人的笑容，“兰轩儿，你好你好，咱们还是到会议室去谈吧，那儿宽敞，宽敞！”

祝家庄笑眯眯的样子，让兰轩儿警惕起来。这个卑鄙的男人竟然喊起了冤，“你的辞职信我根本没批准啊！之前在宾馆那件事，是个误会，严重的误会。其实，这是我在考核员工，准备提升你前的考验。”

众人在会议室等着开会。祝家庄戴着大墨镜和兰轩儿走进会议室，“上次我提熊牌啤酒找刘达明代言的事，办得怎么样了？”

“报告副总，还在谈。”

“还在谈？你们办事效率太差了！负责文宣的李主任呢？”李主任匆忙跑进来，撞在祝家庄身上，墨镜掉了下来。

兰轩儿看到祝家庄左右眼淤黑红肿，像是一只熊猫。祝家庄尴尬地掩饰，“呃，下楼不小心踩空摔的。李主任，冒冒失失的，你去哪儿了？”

“抱歉副总，我刚去上厕所。”

“办事差，屎尿多，你被降职了！新的文宣推广主任，由兰轩儿接替。”

兰轩儿讷讷地说：“副总，这不太合适吧，我只是新员工。”

“只要有能力，肯负责，我就敢大胆提拔新人。你没听人家说，长江后浪推前浪，年轻人总是要上来的。明天开始上班吧！”

兰轩儿满腹狐疑地从公司大楼走出，刘达明等在了公司的门口。他之所以孜孜不倦地挽回兰轩儿，一方面是源于愧疚，相信了兰轩儿之前为自己付出很多。另一方面是源于哈妮，哈妮一直在刘达明的耳边喋喋不休地说兰轩儿对他有多么好，仿佛他不追回兰轩儿就不是一个男人。

刘达明从纸袋中拿出一朵红玫瑰，递给兰轩儿。

“又从公园偷来送我？”

“什么叫偷？采摘而已，再说，花从哪儿来不会影响它的美丽芬芳。轩儿，你今天真好看。”

“关渔，你比以前会说话，以前你傻乎乎的。”

“你喜欢哪个我？”刘达明一笑，把纸袋递给兰轩儿，“送给你的包。”

兰轩儿拿出包一看，是一只假LV，她装作生气地把包塞回他手里，“你居然送我地摊货！”

“那有什么关系，哈妮告诉我，一般白领都是真品和高仿混搭。我也想给你买Alice by Temperley（爱丽丝·坦波丽）的蕾丝连衣裙、爱马仕的新款包包、Louis Vuitton（路易 · 威登）的行李箱、Roger Vivier（罗杰 · 维威耶）的高跟鞋、Bvlgari B.zero1（宝格丽）的戒指，可我暂时没钱。”

兰轩儿惊讶地望着关渔，“行啊，背了一套名牌来唬我。等等，假的包，你买两个？还有一个是给谁的？”

“哈妮。”

“关渔，看不出来，你居然还打起哈妮的主意？”

“她是老板的妹妹，送点礼物很正常吧？”

兰轩儿不屑地冷笑，“你走吧，我兰轩儿只要真正的名牌，不要A货。”

刘达明垂头丧气地回到面馆，把纸袋塞给哈妮。哈妮打开纸袋，开心地问：“是送给我的？”

“喜欢吗？”

“你为什么要送我礼物？”

“你是老板的妹妹，拍你马屁，行吗？”

刘达明和哈妮坐在屋顶上看星星，讨论兰轩儿的问题。哈妮想到一个挽回兰轩儿的方法——求婚。

“跟她结婚！”哈妮双手合十，满脸憧憬地说，“这是一个男人对他爱的女人，最负责的表现。兰轩儿也不例外，所有的女人都期待着这么一天。这样，她会原谅你所有的不是！”

刘达明迟疑地仰望星空：可我没有想跟她结婚的冲动。

兰轩儿回到公司，工作得并不顺利，大家对她莫名的晋升窃窃私语。兰轩儿听到后很不舒服，更加疑惑不解，到底什么原因让祝家庄态度一百八十度大转弯呢？她决定找祝家庄问个究竟。

兰轩儿推门而入时，祝家庄正对镜查看伤势，见是兰轩儿忙赔笑脸。兰轩儿质问祝家庄为什么要提拔自己当主管，“那天在酒店，事实上我让你很难堪。所以，我自动请辞，不等你将我开除。”

“我说过了，那只是借机考验你。现在社会太浮躁，人人都想上位，不择手段，但你表现得很好，虽然有些过火。”

“你还是别让我当这个主管了！现在公司里有些风言风语，大家都在背后说我，我不想引起什么误解。”

“走自己的路，让别人无路可走！管他们说什么，只有无能的人，才会满腹牢骚，就这么定了。对了，我想请你，还有‘超人’吃顿饭，互相交流一下。”

兰轩儿看着他脸上的伤，难道这一切都是因为关渔？

回到家，兰轩儿正为这件事辗转反侧。门铃响了，闫刚放下报纸去开门，刘达明站在门口。闫刚上下打量着手捧着花的刘达明，“你就是关渔，一个不知恩图报，自以为是、伤了我女儿心的臭小子？”

兰轩儿从房间走出，看到这场面有些吃惊。

刘达明吸口气，“轩儿，不管你对我有多少误会。我今天来，是向你求婚的！”

闫刚不屑地看着他，“你看我女儿长得像愿意和你结婚的人吗？没房没车还想泡妞，泡面去吧！哼，求婚，我看你是头晕了吧！”

刘达明几时受到过这样的侮辱，脸色难看地回敬道：“看来真是一家人啊，说话的口吻都那么像，尖酸刻薄！”

兰轩儿本来要绽放的笑容凝固了，不认识一样地看着刘达明。

“你爸刚说的话，你听见了吗？我不是个有耐心的人。我很想为你负责，现在我问你，我们结婚，好吗？”

闫刚一把推开刘达明，“你疯了？你说结婚就结婚？”

“我不是在问你，让轩儿回答我。”

“不用！我替她回答。你听好，你别痴人说梦了，也不称称自己多少斤两，滚吧，穷小子！”

刘达明怒视着闫刚，看了一眼兰轩儿，失望地离去。

哈妮走向在窗口抽烟的刘达明，“回来后，一句话都不说，到底怎么样了？”

刘达明沉默半晌，“该做的，我已经做了。对她，我不会再感觉到任何的内疚了。”

手机响了，另一端传来兰轩儿的声音。刘达明不想见兰轩儿。兰轩儿不依不饶，“很忙？你想清楚了，这是我约你，我约人还没被拒绝过，一个小时后，在你们店路口的冰激凌店见！”

哈妮开心地感叹，“看！她反悔了！”然而，刘达明觉得这都已经不重要了。

甜品店，兰轩儿和刘达明面对面坐着。兰轩儿问起祝家庄的事，表示感谢。

“是男人都会这么做的，我也不例外。你也不用谢我。”服务员端来冰激凌，刘达明刚要拿，被兰轩儿端走。

“哎，这不是我的吗？”刘达明问。

“谁说的！”兰轩儿吃了起来，“是点了两个，都是给我自己点的。我就不明白了，祝总就心甘情愿让你给打了？”

“他理亏，再说他根本不是我的对手。你开心了吧？”

兰轩儿叼着勺子低下头，“不过，我只要一想到失去的东西，心里还是一阵隐痛。”

刘达明愤怒地一拍桌子，“祝家庄是在骗我？他还是占你便宜了？”

兰轩儿拉着刘达明一阵狂奔，跑到一家二手奢侈品回收店。兰轩儿指着一个LV包包说：“那就是让我心疼的小心肝啊！我为了筹钱，把它卖了！我当初花五万多买的！是鳄鱼皮做的！喂——你听过这笑话没有，有两个傻子想开鞋店，听说鳄鱼的鞋值钱，就去抓鳄鱼了，还真没少抓，都四十多只了。一个傻子说：‘大哥，如果抓到第五十只鳄鱼，它还是没穿鞋，咱们就别抓了！’”

兰轩儿说完哈哈大笑，刘达明毫无反应。兰轩儿叹口气，“看来你的脑袋是给撞坏了，你以前常讲笑话给我听。”

“这么说，祝家庄是白挨打了？”

“他升我当主任！也算没白打，对了，你帮我回去跟哈妮说，明天刘达明会来我们公司谈签约。哈妮不是刘达明的粉丝吗？让她来看吧！”

四

❤

刘达明戴着帽子和墨镜蹬着三轮车，哈妮一身艳丽坐在三轮车后摆的椅子上，对镜涂口红。刘达明回头，吓一跳，哈妮活像个僵尸。

熊牌啤酒公司，关渔穿着帅气西装坐在贵宾室。杨国忠低声说：“啤酒公司的人马上过来。”兰轩儿跟随着祝家庄，满脸带笑地走了进来。关渔在看到兰轩儿的那一刻愣住了，一些记忆的片段在他的脑海里跳跃出来，他不由自主痴迷地盯着兰轩儿。

兰轩儿有点儿不好意思地低下头，低声自我介绍。

“嗯，你的名字，很好听！”关渔紧紧握着兰轩儿的手。

“这是我们公司的文宣资料，以及我做的合作策划案。关于代言的价格问题，公司立场希望能再降一些。”

杨国忠忙说：“兰小姐，这个——”

“没问题！”关渔打断了杨国忠的话。杨国忠目瞪口呆，“不，达明他可能没听清楚。”杨国忠还要解释，被关渔打断，“我听得很清楚，价格不是问题，免费也可以。”

"啊！"

"抱歉，稍微等一下！"杨国忠把达明拉到一旁。"达明，怎么搞的，开始说不想接，现在变成免费的了？"

杨国忠走回谈判桌前，"兰小姐，别介意，达明他一向非常幽默，尤其对像你这样漂亮的姑娘。"

啤酒厂外聚集的女粉丝们早就沸腾了。哈妮拿出一个大扩音喇叭，兴奋地大喊："达明，达明，我爱你，就像老鼠爱大米。"

兰轩儿看到外面的哈妮，对刘达明说："那是我的朋友，她是您的粉丝。可以让她进来签名吗？"哈妮在助理的带领下，走进客厅，一眼看见刘达明，双眼放光地扑过来，要求拥抱。

兰轩儿忙拿过相机拍照。哈妮紧紧搂着刘达明连拍好几张。杨国忠不耐烦地催促着。兰轩儿感激地说："真没想到你一点大明星的架子都没有！"

关渔目光灼灼地看着兰轩儿。兰轩儿害羞地低下了头。

祝家庄看大功告成，哈哈大笑，得意扬扬地走出大楼打算出去潇洒潇洒。出门遇到了等在门口的刘达明。

"'超人'你来了？我这回不会让你失望！《征服》我唱给你听，最后的那个高音，我专门练过。"

刘达明看着祝家庄，"上次的事算了！"

"'超人'，那之前拍我和女同事谈恋爱的照片，能不能还给我？"

"那么黑，其实我什么都没照到。"

祝家庄看了看门口的保安，面目马上狰狞起来，"那我还给你唱《征服》?！"祝家庄扭身回了办公楼，抓起电话打给人事部，"现在，马上，立刻把兰轩儿开除！"

接到通知的兰轩儿站在祝家庄面前一脸疑惑，"为什么要开除我？刘达明的代言还只是口头意向呢！"

“你别以为这个世界是围着你转！告诉你，多一个你少一个你没差别，明天太阳还是照常从东边出来，懂吗？”祝家庄扔了一个信封袋在桌上，“你走吧，我再也不想见到你，还有那个‘超人’！”

关渔手扶着头，难受地望着窗外。司机小李从后视镜看到，忙问：“王子，头又疼了？要不要去医院？”

关渔看着小李，“你能告诉我，我是个什么样的人吗？”

“王子，您是大明星。”

“除了是明星，我本人到底是什么样的人？”

小李支支吾吾，他不敢说——刘达明是个不可一世、刁钻刻薄的人。关渔接着问：“那你再跟我说说，阎玉环还有杨国忠，他们真的是我的朋友吗？”

小李一反常态，“他们对您很好呀，尤其是阎小姐。”

关渔看反光镜，讥讽地说：“我记得，前几天你说我们要分手。”

“我没说过，”司机言辞闪烁，“大概是您失忆，记错了。”

关渔的脑子一片空白。天色逐渐昏暗的街道，淅淅沥沥地下着小雨。

兰轩儿嘴里正咒骂道：“这个该死的祝家庄，一下辞退，一下升职，一下又辞退，到底什么意思！”

车开过时，脏水溅了兰轩儿一身。兰轩儿更加愤怒了，大喊一声：“有车了不起啊！”已经开过去的轿车倒了回来，兰轩儿诧异地看着车里的“刘达明”。关渔快速下车，边说边跑到兰轩儿身边，“对不起，我一定会赔给你的。”

百货商场里，兰轩儿换了衣服，在镜子前扭动身体，专注地看着。关渔在一旁微笑，关渔的身后，经理和女导购指指点点地窃语。

“她试穿过的衣服，全帮我打包。”

经理走过来，“我请示过上面，只要您在我们店门口拍照，今晚那位小姐挑选的衣服，全部免费送给您！”

兰轩儿拎着大包小包开心地走进餐厅。关渔微笑而不语地看她。兰轩儿有些害羞地低头，“喂，大明星，你怎么老是用这种眼神看我？”

关渔闭眼思索，“你刚说的话，我很耳熟，好像在哪听过。不知为什么，我一见到你之后就感觉很熟悉，感觉我们曾经在哪儿见过。”

兰轩儿一笑，“大明星，你也用男人搭讪时常用的套话啊。”

关渔窘迫地说：“是真的，我真的感觉我们好像是对欢欢喜喜、吵吵闹闹的冤家，但就是想不起来了。也许我们上一辈子是对情侣，转世投胎前，孟婆汤喝得不够，所以还有些残留的记忆。你说会不会是这样？”

兰轩儿笑笑，敷衍地说：“不是吧？”

关渔却认真地点点头，心想：我觉得没错，所以，我们要再续前缘！

豪车缓缓停在兰轩儿家的小区门口。兰轩儿拎着大包小包下车挥手告别。关渔看着兰轩儿的背影消失在楼梯口，淡淡地问小李：“我问你，阎小姐如果问为什么回来晚了，你怎么说？”

“在路上遇到了啤酒公司的兰轩儿，帮她买衣服，一起吃饭，送她——”小李忽然闭口，惶恐地回头看了关渔一眼。

“是她要你监视我，对吗？如果你不想被辞退的话，知道怎么做了吧？”

关渔回到别墅内，坐在书桌前一一打开抽屉。都是歌谱，其中有个抽屉上了锁。阎玉环端了热腾腾的咖啡，开门进来，“达明，这是我亲手煮的爪哇咖啡，你尝尝看。”

“抽屉打不开，你记得我把钥匙放在哪里吗？”

阎玉环拿起笔筒，笔筒底有把钥匙。抽屉里有几张银行金卡、美金和合同，关渔抽出刘达明和杨国忠的合约书翻看。

“你怎么会突然想看你跟杨国忠的合约？”阎玉环不解地说。

“我想了解，合约还有多久到期。”关渔将合约书放回抽屉。阎玉环暗自揣摩，刘达明不会是想换经纪人吧？

第二天下午，祝家庄亲自来送合同。关渔见只有祝家庄一个人来，出乎所有人意料地说："合同我不想签了！"

杨国忠尴尬地打圆场，"祝总，达明今天有事，心情不好。您看要不这样吧，合同就先放我这儿，我会尽快给您个答复！"

祝家庄走后，关渔闷闷不乐地在书房里直待到日落。他心中有一股不可抑制的力量，驱使着他想逃离现在的生活，他知道这世界上有另外一个自己，过着另外完全不同的生活。没有无休止的合同、利益、纠葛，没有需要他斗智斗勇的女人。想到这里，关渔站起身，拿出抽屉里的银行卡和身份证，走了出去。

五

对于关渔的反复，阎玉环询问了杨国忠关于刘达明去熊牌啤酒的整个过程。这个千金小姐最后冷冷地得出结论，"怕是刘达明又动春心了吧？"

杨国忠经过阎玉环的提点，想到了送合同时没出现的兰轩儿，忙给祝家庄打电话。祝家庄为难地说："我已经把她开除了呀！"

"能跟刘达明谈判如此顺利的人，她还是第一个！这样的人才，你都开除？我建议你，想要这个合同，马上给她复职！"杨国忠说。

祝家庄思考着到底该怎么做，走进了停车场，准备取车回家。四名戴着墨镜的男子走进地下停车场，来到他面前。

"你叫祝家庄？"领头的黑衣人问道。

"是啊。你是谁？"祝家庄不耐烦地反问对方。

黑衣人朝着祝家庄的脸就是一拳，身后的几个墨镜男一拥而上，对着祝家庄就是一顿暴打。祝家庄疼得在地上不断翻滚，连连求饶道："不要打了，你们想要什么，我都答应！”

领头的黑衣男子踩住祝家庄，“你听好了，马上把兰轩儿请回公司！别问为什么，你只要照办就行。她不是你能惹得起的！”

祝家庄满脸是血，目光呆滞地点头，“是是是，我一定照办，一定照办。”

看着一身黑西装戴着大墨镜回来的闫刚，兰轩儿一脸惊诧。闫刚扬扬得意地说：“女儿，你放心，祝家庄一定会找你回公司的！惹我的女儿，反复开除了几次，不想在上海待了！”

话没说完，兰轩儿就接到了祝家庄的来电。闫刚按住兰轩儿的手，让她别接电话，“摆谱呀！这种情况下，你越是不接电话，他的心里越急，才能增加我们跟他谈判的筹码！”

兰轩儿乐了，“爸，没想到你还蛮懂得这一套！”

“如果我估计得没错，祝家庄一整个晚上都联络不上你的话，明天一大早就会来我们家报到，到时候你可以风风光光地回公司啦！”

兰轩儿被闫刚逗得开心了起来，“是不是真的啊？”

“闺女，这种见官大三级的游戏，当年我风光的时候最擅长了。不管他官阶多高，都要把自己想成大对方好几级的心态来面对——他是副总，那我就是董事长，这气势上就吃定他了，懂了吧？”

有了闫刚的交代，兰轩儿决定按照他的话试试。从这件事情里，兰轩儿发现了一个让自己陌生的闫刚。

她想用闲暇的时间去看看关渔，一早就去了哈军的面馆。

面馆内，刘达明正替哈妮在墙上挂“刘达明”和哈妮的合影。

“挂张照片，面馆的生意会更好？”刘达明斜着眼看，“这个人，凭什么那么红？他的歌，真的唱得那么好？我自认我唱的歌不输给他！”

“喂，吹牛别吹过头啦。”哈妮极力维护自己的偶像。

“你不信？”刘达明张嘴唱起来，歌声浑厚有力，充满了感情。哈妮惊讶地看着刘达明。

兰轩儿站在门口，为刘达明鼓掌。

“关渔，你的歌声真的不比刘达明差耶！”听惯了刘达明CD的哈妮赞许地说。

“人才！”哈军用拳捶打他的胸膛，“没想到学国民经济管理，唱歌这么好！”

哈妮怕冷落了兰轩儿，“你今天没上班，请假来看关渔？”

兰轩儿有些尴尬，“不瞒你们，我又被公司副总炒鱿鱼了。”

刘达明不唱了，恼怒地说：“祝家庄这次死定了！”

兰轩儿故作吃惊，“怎么你的口吻，跟我爸一样。”

她从包里掏出了电话，听完后哈哈笑了起来。

“什么事那么开心？”哈妮好奇地问。

“我爸把祝家庄打了一顿。祝家庄一大早上去我家，找我回公司，而且升我职位，薪水跟他相当！”

刘达明和兰轩儿漫步在面馆前的街道上。兰轩儿给刘达明讲遇到“刘达明”的经过。刘达明毫无反应。

兰轩儿忍不住问：“喂，你怎么一点反应都没有？还是你不相信刘达明送我衣服，请我吃饭，送我回家？”

“你要我怎么反应？你让我吃醋？”

“哎，那也正常呀。”兰轩儿发现了眼前的关渔对自己并没有感觉，反而跟哈妮很近。她低头踢着路边的小石子，“你最近跟哈妮混熟了，对我的事都麻痹了？”

刘达明不知道该怎样回答，因为兰轩儿的话确实是真的。

兰轩儿定定地看着关渔，“告诉我，你是不是喜欢哈妮？”

刘达明有些迟疑。

“刚才你在面馆唱歌，她看你的眼神，我一看就明白。你跟姐实话实说，你是不是也喜欢她？”

刘达明无奈地苦笑，兰轩儿沉下脸，“关渔，你现在，立刻，马上牵着我的手，走回面馆！”

批发菜市场角落，一夜未眠的关渔戴着墨镜，帽檐压得低低地站着。一种久违的自由感将他包围。他开心地打量着路旁边的数字牌“今日菜价指导”，密密麻麻地写着白菜、萝卜、西红柿等蔬菜价格。

菜贩大声吼着：“咱们这里是批发市场，抱歉，买大白萝卜五十五斤起！”

关渔茫然地看着菜贩，闭上眼。一名菜贩贴近关渔，疑惑地看着他。

“你长得好像刘达明！”

关渔忙将帽檐压低，快步走出市场，拦下一辆出租车快速离去。窗外，一排排的景物飞逝而过。车上，关渔一眼看到了兰轩儿，大喊：“停车！停车！”

兰轩儿一脸惊讶地看着车上下来的关渔，“刘达明？你怎么会坐出租车？”

“没事，想一个人出来透透气。”

刘达明松开兰轩儿的手。兰轩儿有些焦灼，他们两个不会争风吃醋打起来吧？

刘达明怔怔地看着关渔问：“你就是刘达明？”

“你是？”关渔问。

“我叫关渔，关公的关，渔夫的渔。”

关渔听到“关渔”两个字，身体像触电一般一震。

哈妮端着洗好的青菜走出面馆，不可置信地喊：“哥，快来看！”说完她灿烂地笑着，迎上前去，“哇——刘达明，欢迎你二次莅临本店！”

关渔一笑，“我记得你，哈妮，对吗？”哈军连擦了三次手，伸手和关渔握手。

“你是哈总，对吧？”

哈军开心地大笑，“是的，我是哈氏集团的CEO。您看，本旗舰店都挂满

了您和我妹妹的照片，不晓得的客人，还以为您是我们哈氏面馆的代言人。”

兰轩儿打趣哈军，“哈总，刘达明的肖像，可不能在公开场合乱用呀！你知道我们啤酒公司请他代言熊牌啤酒，花了多少钱吗？”

“如果能吃哈总亲手做的番茄牛肉面，我就当没看到啦！”关渔开心地说，这段时间的憋闷，似乎在这间小小的面馆里，顷刻间烟消云散。

关渔和兰轩儿开心地吃着番茄牛肉面，关渔频频点头，“好吃，很熟悉的味道！”

“真的吗？”哈军开心地说，“我想你一定是吃腻了那些大厨师做的美食佳肴，所以对这番茄牛肉面，觉得新鲜，这叫……”

“返璞归真！”

刘达明和关渔，竟然同时说出同样的话，关渔看着刘达明，两人相视一笑。欢乐的气氛在面馆中蔓延。

Chapter 8

你是自己的齐天大圣

身边的人，告诉你的话都如出一辙，你会很快迷惑，到底我是我，还是他们说的那个人才是真正的我。就此，才会有层出不穷的悲喜剧发生。

为自己做事的人，是大闹天宫的孙悟空；为别人做事的人，是取经路上的孙悟空。想要当齐天大圣，还是把事都当自己的做，来得可靠。

对应自己未知的事情，沉默和迟缓，是不错的手段。起码会有心急的人，跳出来告诉你一些内幕消息，让你汲取、成长。

一

♥

刘达明的豪宅里，管家、助理阿牛、司机惶恐地站在客厅。杨国忠在一旁来回地踱步，像一只被困在铁笼里的狼。

阎玉环怒不可遏，破口大骂道："达明怎么会突然消失不见！你们是他的管家，他的助理，他的司机，你们到底在干什么！"

杨国忠停下脚步，"骂他们也没用，达明不是小孩子，虽然暂时记忆，但不会有什么意外发生。"

"也许，这一阵子你密集安排了太多的事，他承受的压力太大了！"阎玉环把怒火转移到了杨国忠的身上。她轻轻地叹了口气，"达明出车祸后，我原本以为暂时失去记忆，我可以真正地掌握他、拥有他。结果我还是错了，刘达明还是刘达明，他还是他。"

杨国忠连忙附和说："是啊，除了记忆外，一点都没有改变，又开始玩消失了。"

阎玉环苦笑着坐回沙发，"我最近帮你促成了这么多合同，你答应我的事呢？你什么时候劝达明跟我结婚？"

杨国忠张张嘴，忽然在内心里对此事没了把握。门外，一个仆人匆匆忙忙地进客厅，"王子回来了！"

阎玉环堆着笑脸忙迎上去，"达明，你去哪儿了？打你电话也不回，我担心死了！"

"担心什么？担心我被绑架？"关渔敷衍地笑笑。

“达明，你别笑！不是没有这种可能，在香港就经常发生歌星被绑架的事情。你还是要小心，至少要让我知道你在哪里。”杨国忠一脸认真地对关渔说。

关渔用手指点着他，“忠哥，你是港剧看得太多了，庸人自扰。”说完不可一世地上楼去了。

杨国忠呆呆地看着关渔的背影：他是不是早恢复记忆了，是故意的还是在装蒜？阎玉环皱着眉头，“不行！我有种预感，那个不可一世的刘达明就要回来了！我得赶快促成我们的婚事！”说罢追上楼去。

关渔站在卧室里一面大镜子前，凝视着自己，眉头深锁地摸着自己的脸，左右端看，注视良久，终于缓缓露出了令人费解的笑。阎玉环推门而入，关渔看了她一眼，斜躺在床上。

“达明，我看你回来的时候，心情很愉快，去哪儿了？”

“到处逛，去见见朋友，到面馆去吃了我爱吃的番茄牛肉面。这是一般老百姓最日常的生活，有什么不对吗？”

“可你是个大明星……”

“我是凡人！”关渔打断她的话，“大明星是他们说的，我可不这么认为。”

“你压力太大了，渴望平凡，是这样吗？”阎玉环不解地问，“达明，你出院这么久了，我爸爸打电话来，希望跟你吃饭见个面。”

“好，你安排吧，我去洗澡。”关渔不耐烦地走进浴室关上门。

等关渔洗澡出来，阎玉环已经不见了踪影，不知是不是找杨国忠商量对策去了。着急将功补过的小李敲门，报告了关渔一则重要消息：“王子，您是在想着兰小姐？之前阎小姐要我跟踪兰轩儿，我发现，原来兰轩儿小姐经常去典当行，听说她有个包抵押在那儿。”

关渔满意地看了看小李，拍拍手，“你以后就是我唯一的司机了。走，带我去！”

小李神秘地压低声音说："王子，车上别说话，阎小姐装了窃听器。"

关渔吃惊又反感，没想到阎玉环这个女人太工于心计了。想到和她以及杨国忠生活在一起，关渔觉得自己就是个悲剧。

关渔若无其事地走出门上了车。小李对关渔使个眼色，高声问："王子，请问，您要去哪里？"

"CD店，我要看看我最近的CD销量怎么样。"

别墅里，阎玉环觉得内容无趣，放下耳机，起身望向窗外。

刘达明的车到典当行门外停下。小李打开车门，关渔点头走进了典当行。关渔接过典当行老板手中的包，皱眉思索，他觉得这包似曾相识。一路上，他闭眼努力地想着，思绪乱飘。

关渔抱着兰轩儿的包，怔怔地坐在书房。脚步声传来，他警觉地将皮包放在桌下藏好。阎玉环推门而入，杨国忠紧跟在后头。

阎玉环惊喜地说："达明，你事业的第二个高峰即将来临了！"

杨国忠补充道："我们就要和芍药姐妹签约了！这是他们的合同，我反复研究了一下，所有条件都绝对对咱们有利。"

关渔一顿，看着杨国忠，"上次我不是签字了吗？"

杨国忠的脸顿时成了苦瓜，"王子，上次的签约你太不重视了，当然也可能是你记忆刚刚恢复。你签的不是你的名字，签的是'我有钱了'几个字，所以没有生效。"

"达明，我跟对方说了，上次是你淘气故意捣蛋。签名当然要签自己名字，你签个名我看看。"杨国忠拿出支笔交给他，关渔歪歪斜斜，写下了"刘达明"三个字。杨国忠差点晕过去，"不会吧，这是你的签名？"他打开皮包拿出一份旧合同，上面潇潇洒洒地签着一个花哨的签名。

关渔两眼茫然地看着笔迹完全不同的两个签名。

阎玉环忙说："忠哥，当初达明的签名，是不是找别人帮他设计的？有可能达明失忆，忘了模仿学习的过程！"关渔拿着笔，试了几次，完全写不出效果，"这签名真难写。"

杨国忠摇头，“练！现在重新练，抓紧时间练！”

二

兰轩儿来到熊牌啤酒公司，两名主任和经理正坐在办公室沙发上等着。兰轩儿气喘吁吁地跑进办公室，“对不起，堵车了！”

祝家庄眼角淤青，看到兰轩儿，语气温柔地说：“不晚，正合适！你们太没有时间观念了，为什么每次开会都要来这么早？”

几个经理神色诧异。祝家庄拿出文件，“兰轩儿，董事长接受我的建议，批准你的职务升迁，这是聘书。有关年度薪水调整方案，都写得很清楚。没异议的话，请你签字。”

兰轩儿接过聘书随意扫了眼，签上了自己的名字。祝家庄接着说：“文宣推广部主任，行销部主任，经理，兰轩儿以后就是你们的主管。本公司即将推出的新一季啤酒广告，在兰轩儿的努力之下，已经得到刘达明口头承诺，愿意签约。在这么短的时间能敲定刘达明的档期，这全靠兰轩儿的努力。所以我宣布，颁发兰轩儿两万元工作奖金，大家向兰轩儿小姐表示热烈的祝贺。”

到上海这么久，兰轩儿第一次面带笑容地回了家。一切噩运似乎都在这段时间内消失，迎接兰轩儿的是美好的未来。

客厅的桌上摆满了做好的饭菜。闫刚围着围裙，看到兰轩儿急忙问：“怎么样，乖女儿，开心了吧？”

兰轩儿看着客厅里三个陌生人，闫刚忙解释道：“轩儿，我擅自做主，请他们来，你不介意吧。这次多亏了他们的帮忙。”

兰轩儿忙说：“怎么会，我很开心！您帮我争取到比经理还大的职位，跟副总差不多的薪水，我高兴都来不及！”

一个中年人识趣地说：“老闫，你有这么能干的闺女，真幸福。”

闫刚看着兰轩儿，频频地点头，“我终于体会到，有个女儿真不错！”

“我也终于体会到，有个爸爸真好！”

闫刚满足怜爱地用手抚摸兰轩儿的头，兰轩儿乖乖地靠着闫刚，似乎回到了童年。

有了两万块的奖金，加上一些积蓄，兰轩儿准备去把自己的包赎回来。但她得到的是沮丧的回答——那个包因为过了赎期，典当行已经出手卖了。

兰轩儿欲哭无泪，回到家，任闫刚怎么哄都不开心。关渔的电话来了。兰轩儿接起电话，“抱歉，达明哥，今天不想去签约。”

“不是签约的事儿，我想送你一个礼物。”

闫刚来了精神，在一边八卦地说：“他一个大明星，三番两次送你东西，是不是想要追你？”

兰轩儿坐在公园的喷水池旁，两眼茫然地想着——这个曾经和关渔约会过的地方。

一名男子拍拍兰轩儿的肩，兰轩儿看是陌生人，叱喝道：“闪开，我没心情跟你说话！”

“兰小姐，我是阿牛，刘达明的助理。”

远处树下，关渔戴着墨镜向兰轩儿招手，“抱歉，这儿人多，我不想被打扰。”

“你怎么会约在这里呢？”兰轩儿好奇地看着公园里的人。

“脑海中突然闪现这个地方，好像是跟我喜欢的人曾经来过。”

“阎小姐？”

关渔摇摇头，“不记得了，但肯定不是她。”

兰轩儿有些失落，“我曾经和一个朋友来过这里，他向我坦白示爱，说我是他的初恋女友。”

“哪个朋友？会不会是我？”

兰轩儿笑了，挥挥手，驱赶脑子里奇怪的念头，“怎么可能是你，你太会联想了，是面馆的关渔。他曾经多次帮我，我们无话不谈。但是出车祸后，他失去记忆，对我跟他以前的事全忘了，所以，我跟他不像以前那样热络熟悉了。对了，你在电话里，说要送我礼物，是什么礼物？”

关渔神秘地一笑，让兰轩儿把眼睛闭上。关渔拿出了皮包，塞进兰轩儿怀里。睁开眼睛，兰轩儿语无伦次地说：“天哪，是你！害我难过，哭了一个晚上——这可是我最心爱的宝贝。”

“我们去庆祝一下，这附近有个酒店还不错。”

“酒店？”

“走吧，我们去爽一下！”关渔拉起兰轩儿就走。兰轩儿脚步一顿，这句话又触碰到了她的心弦。

酒店内，兰轩儿面前满桌的海鲜。关渔坐在对面，开心地问：“呵呵，够劲吧？”

“这家餐厅，我带关渔一起来吃过，我很清楚。巧的是，你怎么也带我来？要不是你跟关渔外表不同，声音不同，我都会以为我现在是跟他在一起。”

“看起来，你好像很爱他。”关渔若有所思地问。

关渔定定地看着她。兰轩儿怅然地说：“如果在他没出车祸前，我能很肯定地回答你，是的！”

关渔有些悸动，随即恢复平静。

“可是脑受损后，他对我印象几乎是空白，也曾无意间伤害过我的心。我常常问自己：他还是那个善良乐观、勇于助人、不求回报的关渔吗？而且，最近他跟哈妮……我知道哈妮也喜欢他，而我竟然没有一点吃醋的反应。我自己都很吃惊，为什么会有这种变化。”

兰轩儿有些歉意地一笑，“抱歉，不知道为什么，我竟然跟你说了这么多心里的话，来，干杯！”

三

开怀畅饮的兰轩儿很快喝醉了。关渔扶着酒意甚浓的兰轩儿上了楼。闫刚迎出来，兰轩儿看到闫刚，开心地举着手中的包，“爸，你看，我的包飞回来了！”

“轩儿，你怎么大白天喝成这样？”

“开心哪，我们刚在酒店太爽了！”

闫刚怒视刘达明，将楼道里看热闹的邻居驱散，“我告诉你们，刚才我闺女说的话，如果传出去半句，我就把你们的舌头给割了！听到没有？”

有邻居八卦地说：“叫刘达明娶你闺女，不就行了，你就成了现成的星爸了！”

闫刚扶着兰轩儿走回客厅，将门关上，关渔紧张地说：“伯父，抱歉，我先走了。”

闫刚一拳打在关渔脸上，“大明星，你知道我刚才做了什么？”

关渔委屈地摸摸脸，“为什么打我?”

“不，我在做‘危机处理’懂吧？你们娱乐圈八卦新闻不是很多吗？你今天跟我女儿玩得开心，这传出去，你是大明星，多条绯闻不算什么，但对我女儿来说，那可是种伤害，懂吗？”

关渔哭笑不得地看着闫刚，“伯父，言重了！”

“是呀，你才知道严重了。出门前，我就一再地提醒我女儿，你们这种明星玩弄女孩的手法多，要她当心。谁知道……刚刚我闺女都承认了，你还不想承认。”

兰轩儿讷讷地说：“啊，我说了什么？”

“轩儿，你别管，我今天要他有个交代。大明星，你别装糊涂狡辩！哼，买了包送我女儿，骗她去喝酒，把我闺女灌醉，”闫刚越说越激动，“然后带她去酒店，乘人之危！你那一套，当年我早就玩过了，你还不承认，是不是男子汉？”

关渔情急之下，大吼一声：“怎么可能，我还是个处男呢！”

关渔话一出口，兰轩儿和闫刚愣了。三人一阵沉默，闫刚放声夸张地大笑，“哈哈哈，大明星，你刚才说的话，如果传到报社，那肯定是娱乐版的头条！不知道要笑掉多少人的大牙！大明星刘达明竟然是……”

兰轩儿大声地阻止闫刚的嘲讽，关渔手机响了，阎玉环大声地说：“你忘了今晚跟我爸一起吃饭的事呀！”

兰轩儿连忙说：“你快走吧，别让你未婚妻阎玉环误会了！”

“什么？阎老二的女儿是他未婚妻？那你怎么又来纠缠我女儿？”闫刚不知想起了什么，脸色更加难看。

关渔忙高举双手大喊：“伯父，我下次再来解释。”匆忙掉头冲出门去。

闫刚浑身似乎没了一丝力气，软塌塌地坐在沙发上，问兰轩儿：“你老实回答我，你是不是喜欢上了刘达明？”

“拜托，爸，你闹得还不够吗？”兰轩儿边说边捡起刚才慌乱中被碰掉的相册，心疼地翻开整理。相册里面插满了兰轩儿和母亲的照片。她摸着妈妈的相片说，“爸，我以前的照片你没看过吧，里面还有妈妈。”

闫刚愣住了，“这是？这是你……妈妈？”

他好像忽然精神错乱一样抓住兰轩儿询问：“你妈妈姓兰！你妈妈是不是住在重庆沙坪坝一带，以前是重庆郊区？”

“没错啊，爸，你怎么了，你也失忆了？”

闫刚反复地在嘴里念叨着：“你妈是兰雨荷，当初你去SOHA大厦是为了找爸爸……”

他猛地站起身，冲出家门，“女儿，爸出去办点正事。我相信不久的将来，你一定会成为公主的！”兰轩儿回忆着刚才的一切，她有些焦虑，这个世界到底怎么了？刘达明坦率地说出自己仍是处男，爸爸又像看到照片后神经错乱了。

兰轩儿眉头深锁，突然眼睛惊恐地睁大，失声尖叫起来。一只蟑螂从兰轩儿眼前爬过。

高耸的SOHA大厦，闫刚健步如飞地冲向阎刚办公室，被众多的保安拦住。保安不屑地问：“闫刚，你怎又来胡搅蛮缠？”

闫刚甩开保安，“让开让开，我有很重要的事要见阎老二！”

“董事长不在！”

“不在？又在哪里跟有钱人密谋怎么捞钱吧？闪开闪开！”

“你不要敬酒不吃吃罚酒。”保安拿出一个信封，扔给闫刚，“阎董事长早交代了，如果你来，就把钱交给你。闫刚，你真像是个准时收房租的房东似的，时间到了你就会出现。”

闫刚下意识地捡起钱，却没有离开。他突然想到什么，将钱扔回给保安，“告诉你，大爷我不稀罕你们的钱。”

保安们面面相觑。

“看什么看？大爷我不差钱，赶紧跟你们董事长阎刚汇报，我有重要的事和他说！”

保安互相使了个眼色，架住闫刚，将他扔进电梯，按下键。电梯门关上了，闫刚还在里面大骂。

“老大，太阳打西边出来了。他居然不要钱。这钱怎么处理？”

“分了！”

霓虹闪烁的餐厅中，服务员送上精美的佳肴，阎刚、关渔和阎玉环坐在包厢用餐。

阎刚正襟危坐，开门见山地说：“我这个人一向思想开放，行为保守。所以有件事，我必须说。本来我并不看好你们的婚事，但你车祸后，玉环一直在你家照顾你。这件事一旦被媒体和我的朋友知道，你我都是公众人物，影响自然不用我说。长久下去不是办法，所以我想选个良辰吉日，正式地宴客告知亲朋，你觉得如何？”

阎玉环惊喜地看着父亲。关渔愣住了，不知道怎么回话。

“有关你跟我女儿的事，众说纷纭，我希望通过这次的订婚，正式告知所有的媒体和观众，你是玉环的未婚夫。一旦你成为我的女婿，我会把我的企业，包括房产开发、酒店休闲娱乐的部分经营权转交给你，毕竟我只有一个女儿。”

阎玉环暗自窃喜地斜睨着关渔，关渔怔怔地点了点头。

“还有你，玉环，”阎刚转过头去，“你莫名其妙地住在他的别墅，名不正言不顺，这会遭人闲话。明天先搬出来。”

刘达明的别墅没有了阎玉环的骚扰，一片寂静。关渔从浴室里走出，站在一面大镜子前摸着自己的脸，喃喃地说：“你是大明星，你是刘达明吗？”他眉头深锁，心事重重地看着自己：所有的事都木已成舟，变为事实，你只有忘了过去的关渔。你要强迫自己，逐渐地去接受目前的状况，你要重新调整心态，扮演好你人生新的角色！关渔下定决心，对着镜中的自己点了点头。

四

凌晨，宁静的上海，茫茫薄雾。哈军面馆的大门仍然关着。

刘达明站在镜子前，望着镜中的自己：难道我真的只是面馆的打工仔吗？

刘达明梳梳头，戴上帅气的墨镜、白色手套后，喃喃自语道：“我不能堕落，就算我是打工仔，我也要当全上海最帅气的打工皇帝。”说完，他走到厨房，拎起厨房的泔水桶，走出后门。

后门围墙旁，两个上学的小女孩走过。朦胧晨色中，只见刘达明潇洒地拎着泔水桶走出。

一个女生拍拍同伴，“哇，看那个哥哥，帅毙了！”

刘达明气宇轩昂地将泔水倒进胡同里的垃圾桶内，两个女生拿着相机拍了张照片。

中午忙完，哈妮拿手机上网消遣，突然尖叫一声，网上正在疯狂地转贴——上海最帅泔水哥。

帖子上刘达明在晨曦中戴墨镜倒泔水的照片赫然醒目，宛如犀利哥，气宇不凡，别有味道。

“关渔，我发现你很闷骚！倒泔水这么脏的事，你还戴墨镜白手套，你当自己是明星呀？”哈军说。

哈妮兴奋地读着：“请问泔水哥的面馆在哪儿？”

“我们面馆又要红了，”哈妮立刻飞快地按着手机按键，“我来帮发帖的回复！”

第二天一早，刘达明哼着歌出门。面馆后面，四五名女孩窥视着。刘达明戴着墨镜歪戴帽子，手戴白手套，潇洒地拎着泔水桶从后门走出来。

“嘘，他出来了！”

“哇——好帅的动作呀！”

几个女孩尖叫着拥上前七嘴八舌地问：“请问，泔水哥，你叫什么名字？”

刘达明的明星小宇宙爆发了，他淡定地说：“我叫关渔。我认为不管做什么工作，都要尊重自己，尊重工作，用敬业而快乐的心情去面对自己的工作。首先从自我外表做起，总不能因为倒泔水，我就必须打赤膊把自己弄得脏兮兮的。只有你尊重自己，别人才会尊重你。”

一个女孩问道：“你是什么学历？”

“大学毕业！”

“关渔，网上称呼你‘泔水哥’。你在网上很红，你知道吗？你在面馆打工，最大的希望是什么？”

刘达明笑笑说：“面馆生意好、加工资！还有，我要当全上海最帅气最敬业的打工皇帝！”

粉丝们一阵尖叫。刘达明扶扶墨镜摇头，突然手一伸，口中自我伴奏，跳起舞台舞步，“碰，叭，碰碰，叭。”他唱着刘达明的歌，女孩们听呆了。

面馆里传来哈军的吆喝声，“关渔——快回来揉面！”

刘达明很专业地鞠躬谢幕，“抱歉，我要去工作了。”

哈军站在面馆门口，狐疑地看着一大堆女孩围绕着哈妮。

“我叫王美瑜，是泔水哥粉丝群的发起人。这些女孩都是我们群的团员，今天她们来，都是想见泔水哥的庐山真面目！”

哈妮热情地说：“大家好，我叫哈妮，欢迎各位光临。”

“我们肯定会捧场，但是有个要求，她们都想见泔水哥在厨房工作的情形，另外，她们都想要听泔水哥唱歌。”

“没问题，我会尽力的！”哈妮快步走回面馆。哈军忙凑上前，“妹，到底什么情况？”

“哥，她们全都要来我们面馆吃面，快准备吧！”哈妮快步走进厨房。蹲在一旁洗碗的刘达明一脸惊讶地说：“什么？她们都要来看我工作，听我唱歌？”

“没错，你不知道‘泔水哥’现在在网上多红！各大网站都出现了打工皇帝——泔水哥当场献唱的视频！”

“我总不能清唱吧？”刘达明有些为难，“哈妮，我们巷子那家海鲜酒楼有个电子琴，你去向他们暂时借用一下，”

一大堆相机对着在厨房洗碗的刘达明拍，相机的闪光灯，不停地闪烁，刘达明和哈军卖弄地玩着拉面的花哨动作，粉丝团猛烈鼓掌。哈氏面馆门口挤满了好奇等待的人，哈军乐歪嘴地看着客人爆满的店。

面拉好了，刘达明边弹奏着电子琴，边尽情地唱歌，歌声浑厚有力，不时地利用间奏，跳着花哨的舞步。粉丝们高声地尖叫，拿着筷子配合着歌曲节奏打拍。

哈妮开心地看着这一切，照片被不停地转载，上面一行醒目写着“打工皇帝——泔水哥，横空出世”。

哈军点着钱，哈哈大笑，“关渔，你真的是人才！川菜馆有变脸表演，以后咱们哈氏面馆有打工皇帝——泔水哥的歌唱表演！哈妮，明天在门口登征人启事，多征几个人手，以后厨房洗碗的杂事，全交给他们做！”

哈妮忽然突发奇想，“关渔，等你红了，我要当你经纪人！”

哈军突然想到了什么，“对了，我想起以前你跟我说，找那个大明星刘达明投资我们面馆，开拓分店的事！”

“那是玩笑，最主要是关渔，这个打工皇帝能否一炮打响，我突然感觉关渔的事业可能会转型！”哈妮兴奋地说。

“转型？你的意思是离开面馆？”哈军有些泄气地看着刘达明。刘达明拍着哈军的肩膀，“我虽然喜欢唱歌，但是，哈总你放心，我绝不会无情无义地离开你的。我要你们和我一起分享成功的果实！”

哈军忍不住地抱住刘达明，“兄弟，这句话我最想听！走，我们去吃消夜！今晚，哈总请客！”

五

❤

熊牌啤酒公司内，关渔坐在会议室的主位，有模有样地看合同。祝家庄和经理以及另两名主任战战兢兢地坐在一旁。

杨国忠心急火燎地说：“达明，这合约没问题，我看了。”

“是吗？你看这一条，我觉得就不行。”关渔念着合约，“在代言本产品期间，不得代言或在公开场合使用其他同类产品！他们的意思是，以后都不准我在酒吧喝其他牌子的啤酒了？”

祝家庄立刻表态，“没问题！达明你稍等，我们立刻将这一条删了，重新打印两份出来！”

关渔心不在焉地左右张望，“兰轩儿不在公司吗？”

“在在，已经派人去请了！”话刚落音，兰轩儿匆忙地走进会议室，“副总，合约改好了。”

关渔看了看兰轩儿，拿起笔，迅速地在两份合约上签下了名字。

“你爸爸还真凶！”关渔对送自己出来的兰轩儿说。兰轩儿低着头说：“抱歉啊，让你白白挨了一拳。”

关渔在一旁树下的休息椅坐下。兰轩儿忽然调皮地看着关渔，试探地问：“我真不明白，你当时为什么那么激动，说你是处男这样的话！”

关渔脸红了，“我最痛恨被人冤枉，尤其是痛恨别人对我的人格有瑕疵的批评，所以……”

“本能条件反射地脱口而出？”兰轩儿意味深长地看他一眼，“我对你的了解，过去都是停留在报章杂志上的描述，主观认为，你是个孤傲自我、不太有人情味的人。可是，跟你相处后，发现你并不是那样。我甚至从你身上，看到了过去我喜欢的人的影子。我很迷惘和惊讶，为什么我会从你的身上，看到关渔的影子？是因为怀念而产生的移情作用吗？”

关渔轻微一震，怔怔地看着她，“是吗，我也不清楚我是什么样的人。轩儿，我不喜欢老是倾听你的过去，存在的现实才最重要！如果你迷惘该喜欢谁，你应该尊重你自己的直觉，而不是执迷于过去。”

“你的意思是？”

“放弃他，重新选择我！”

兰轩儿一惊，怔怔地看着关渔。

Chapter 9

谁是你最合脚的鞋子

双赢的基础，是能够各自真正地让出一步。否则都以彻底占有为目的，那盟友就变成了“暗战”的敌人，早晚得背后互相拍黑砖、捅刀子。

强追不爱的人，就像买双蹩脚的小鞋，外表看似漂亮，其实痛得龇牙咧嘴，受罪的终究是自己。

一

❤

华灯初上，兰轩儿在家里，手里摆弄着手机，人却呆滞地望着前方。

闫刚切好了水果，望着兰轩儿，把水果放在茶几上。

兰轩儿突然问闫刚："爸，你觉得关渔他人怎么样？"

闫刚想了想上次来求婚的小子，停顿半晌，摇摇头，"其实，爸爸不是嫌他穷，只是他一副孤傲自大、自以为是的样子。既然要上门求婚，那就应该想办法博取家长的好感。可是他好像是被绑鸭子上架，看起来心不甘情不愿的。"

"印象这么坏？"兰轩儿有点吃惊。

"当时你也在，臭他两句，他立马掉头就走，哪里像是求婚，逼债的脸也比他好看多了。"

"这怪不了他，他车祸前不是这样的。"兰轩儿沉吟了下，"那你认为刘达明怎么样？"

"他呀，"闫刚想了想，"刚开始我以为他占了你便宜，先入为主印象不好。但事后，你跟我解释，我觉得他的人还不错，温文有礼。当时我揍的如果是关渔，恐怕他早就翻脸啦！"

兰轩儿下意识地点点头。

"我知道了，"闫刚诡秘地笑笑，"是不是刘达明在追你，你矛盾了？女儿啊，谈恋爱不要给自己负担，跟唱歌一样，跟着感觉走！"

"爸，你也知道《跟着感觉走》？"

“你以为老爸很土？”

“那你的意思是，赞成我接受达明的追求？”

闫刚摇头晃脑，“‘窈窕淑女，君子好逑。’有什么不可以？”话没说完，闫刚突然想到兰轩儿的身世，他大喊一声，“不！等等，你说什么？你要接受刘达明，当他的女友？不行！这绝对不行，我坚决地反对！”

“啊？你怎么突然变卦了？”

闫刚欲言又止地起身，完了，我怎么告诉她一切？闫刚连忙解释道：“我在想，他之前的花边新闻不断，又有未婚妻。你也算是名门闺秀，怎么能爱上这种人？”

“报章杂志八卦新闻上传的。”兰轩儿撇着嘴，“况且，我不认为他会爱那个阎玉环小姐的。”

“男人的话，真真假假，虚虚实实，你怎么知道？”

“凭我的直觉，女人最厉害的第六感！”

“错，女人的第六感，事后证明往往是错的！否则，今天就不会有你……”

兰轩儿看了一眼闫刚，摇头道：“你是说我妈跟了你，是错误的选择？嗯，没错，否则你不会狠心地抛下我们母女俩不管，这一去就是二十三年！”

闫刚情绪有些低落，“对，都是你爸的错，你妈不该选择这样的浑蛋！好了，不提这些事了！”闫刚一本正经地清了清嗓子，“现在我的宝贝女儿要做的是处变不惊、静观其变！”

虽然已经是下午三点，过了午饭高峰期，但是哈军面馆内外依然门庭若市。一名穿有电视台标志衣服的摄影记者，正在拍摄刘达明在面馆内自弹自唱的情景。刘达明熟练地带动着现场泔水哥粉丝群的情绪。

哈军穿着西装，还戴着一副金丝边眼镜。哈妮将他拉到一旁，好奇地问：“哥，你今天怎么会这种打扮？”

“待会儿，电视台记者要采访我和打工皇帝——泔水哥。”

哈妮一脸惊讶，“什么？采访你？”

“要不然我疯了？穿这样怎么在厨房工作！”

“太好了，终于有人发现关渔的才华了！”哈妮开心地双手合十。哈军有些得意，“他们哪有我的眼睛亮，我是第一个发现他有才华的老板。”

歌曲结束，面馆响起一阵掌声。记者走进屋子问：“请问哪位是面馆的老板？”

哈军嘴里叼着一根没有点燃的雪茄，走向记者，“您好，您是李记者吧！这是我的名片，我就是哈氏餐饮集团董事长兼CEO，哈军。”

记者伸出麦克风，“您好，请问您是怎么发现打工皇帝泔水哥的？”

“我们哈氏餐饮集团公司对发掘有潜力的年轻人，一向是不遗余力。几个月前，大约在秋季，也许是老天巧妙的安排，我见到徘徊在人生十字路口的关渔。”

记者皱起眉头打断了哈军，“抱歉，哈老板，您能否长话短说直奔主题，中间形容词就免了。”

采访结束，记者的镜头又转向刘达明，他正弹奏着电子琴，开始自弹自唱。摄影机红灯亮起，记者站在摄影师旁边频频点头称赞。哈妮在一旁聆听着关渔充满感情的歌声，双眼泛着泪光。

夜里，刘达明和哈妮并肩看着星空。哈妮突然有感而发，“没有想到幸福会突然如此迅猛地降临，都不知道如何应对。刚才我哥坐在客厅，一直傻笑呢。”

“为什么？”

“我们面馆像脱胎换骨似的，生意突然异常火暴，他能不高兴吗？我跟我哥哥建议买个好的音响还有比较专业的电子琴。”

“这个建议好。你哥是小气鬼，他会同意吗？”

“本来不同意，后来我吓他如果不答应，你就要辞职不干，他就赶紧把钱给了我，明天一早，我陪你去选。总要有伯乐的出现，才能发现你这匹千里马！等到你真正的走上舞台……”哈妮话没说完，突然有点失落。

“你怎么了？”

“你没听人家说，共患难容易，共享乐难。人成功之后都是会变的，到时候你会变成什么样子，谁知道呢？”

刘达明拉住哈妮的手，认真地说：“在我人生最低谷的时候，你一直陪着我，你是我永远的好朋友！”

二

签下熊牌啤酒代言的杨国忠刚松了一口气，芍药姐妹公司的人找上门来——之前关渔在合约上签下的名字根本不是刘达明，导致合同无法生效。芍药姐妹公司的董事长是邵家二兄弟，两个人黑道起家，杨国忠惹不起。之前收了好处的杨国忠诚惶诚恐，只能再去找刘达明。

车祸之后的刘达明没有在公开场合露过一次面，人气已经大不如前。杨国忠觉得，如果跟芍药姐妹签约，芍药姐妹的强大实力可以马上让刘达明人气大增。关渔觉得杨国忠言之有理，同意签约，这让杨国忠一跃而起立刻来了精神。

灯光闪烁的记者发布会上，刘达明、杨国忠及芍药姐妹公司的两位老总端坐在台上。

杨国忠起身发言道：“各位记者媒体朋友大家好，我是刘达明的经纪人。今天很荣幸我们能和国内举足轻重的芍药姐妹唱片公司签约。人家说，好事多磨，许多记者媒体朋友都非常关心达明的去向，现在终于落实了，谢谢大家关心。”

邵大黎和邵二黎将合约和笔递给刘达明，“达明，很开心你终于同意，合作愉快。”

“请问，刘达明先生，您车祸后恢复得怎样？”

杨国忠没等关渔说话就答道：“我知道大家都非常期待这么一天！现在，我们借着跟芍药姐妹公司签约的机会，向各位媒体记者先透露好消息——很快，达明就要开一个歌友会，你们就会见到达明以精彩纷呈的表演重新返回他热爱的舞台！”

现场响起一片掌声。关渔硬着头皮挤出微笑。发布会结束后，关渔迫不及待地质问杨国忠：“刚才你说的歌友会是怎么回事？”

“熊牌啤酒安排了一个歌友会，这是你车祸后第一次正式表演。大家都非常重视。”

“表演什么？”

“当然是唱歌跳舞呀，这还用问？”

关渔内心叫苦连连——自己向来是破锣嗓子，五音不全，去唱歌，都是角落里不张嘴的角色。面对粉丝表演，这可怎么蒙混过关！

看他面色不愉，杨国忠胸有成竹地从包里拿出一摞资料，“我想到了，估计你不太记得以前的作品，所以这次将推出你的一首新歌，你只要多练习几次就没问题。”

关渔觉得自己满嘴苦涩。这时阎玉环也来了电话，惊喜地说：“亲爱的，我要告诉你一个好消息！我跟我爸爸商量过了，这个月的十五号我们订婚！”

关渔痛苦地抱住头，这难道就是传说中的祸不单行吗？

回到家，关渔愁眉苦脸地看了看阿牛，指着天书一样的五线谱问道：“你知道这新歌怎么唱吗？”

阿牛看着歌谱，“很简单的旋律。忠哥替您想得很周到，怕您时间来不及，找了一首简单又有感染力的歌曲。”

“你会唱？”

“王子忘了？我是音乐学院毕业的，当然没问题。”

关渔连忙要求阿牛唱给他听。阿牛惶恐地说：“王子，您取笑我呢？在您面前唱歌，这不是班门弄斧吗？”

“别客气，你来唱唱看，教教我。我可能是脑袋撞坏了，忘了怎么看五线谱了。”

关渔借口到书房拿录音机，录下阿牛的歌声学习，溜出去清静一会儿。他像是热锅上的蚂蚁，焦躁不安。最终，无奈的他想出了个办法，等录音后，自己悄悄熟悉下，就约兰轩儿出来唱歌。他觉得，兰轩儿能给自己带来一种鼓舞和动力。

关渔提着录音机回到歌房，示意阿牛开始。阿牛深情投入地唱完歌，关渔拍手鼓掌，“不错不错！阿牛，你唱得很好，你完全有条件当歌星。”

“我以前想过，可是杨大哥说我的脸没人缘，音质也没个人的特点，不是当明星的料，所以只好给您当助理。”

“是吗？可惜了。”关渔突然发现门口探头望的小李和厨师。小李拍马屁地说：“让王子唱！阿牛这小子唱得没有您好听。”

关渔忙伸手阻止，“停，别左一句王子，右一句王子，叫得我鸡皮疙瘩都竖起来了。记住，从今以后，不准你们叫我王子，听到没有？”

“要不然叫老大，”小李说，“您是我们的老大，我们全靠您吃饭。”

“老大，”关渔重复着，“虽然有些江湖气息，但总比叫王子顺耳多了，好吧，那就叫老大吧！”

“老大，”阿牛说，“他们希望听您唱歌，那您就唱吧！您别不自信，说实话，您唱歌真的很好听！”

阿牛开始弹起前奏，打着拍子。关渔的歌声传来，大家瞬间石化。琴房一片寂静，阿牛用眼神示意，众人连忙鼓掌。关渔像小孩一样兴奋跳跃，“我真的可以唱？阿牛，你说实话。”

“严格来说，车祸是有影响的。有些地方走音，这在过去，对您来说是不可能的事。如果在这个地方修正，也许——”

小李和厨师刚准备溜，被关渔喊住：“都别走，再听我唱一遍！”

“别别！老大，身体要紧，嗓子不能过度操练。”

“那好，下次吧。”关渔拿起钢琴上的录音机走出琴房。

众人松了一口气。小李和厨师看着阿牛，“毁了，车祸把我们老大毁了……”

晚上，关渔带着手下的赞许，兴奋地出现在钱柜KTV。兰轩儿还没到，他先拿起了麦克风放声歌唱。兰轩儿匆忙推门而入，听到关渔的歌声当场愣住了。

“天哪，你的歌声怎么变成这样？”

“啊！”关渔泄气地瘫软在沙发上。

“抱歉，我不是故意打击你。”

“我已经很受伤了，我需要安慰。”关渔伸出手索求拥抱。兰轩儿将他的手推开，“怎么，还没有喝酒就醉了？”

“我要在舞台上表演，可我这种嗓子，怎么上台？”

服务员端着小菜水果和一瓶红酒，走了进来。关渔迅速将帽檐拉低。

“就算是出车祸脑子受损，怎么连歌声也变了？”兰轩儿纳闷地说，“要么，你再唱首简单的歌，我听听看？”

她点了那首众人皆知的《月亮代表我的心》。关渔强打精神拿起麦克风，深情地唱着，一边还转头看着兰轩儿。兰轩儿忍不住皱起了眉头，“你老实说，你以前在舞台上是不是假唱啊？”

两个人从KTV悻悻地离开。关渔抱着最后一丝幻想追问：“我唱得真的很差吗？”他泄气地弯身用手捂着脸，“我很痛苦！一想到我要在舞台上表演，我就非常痛苦！你可以抱抱我吗？”

兰轩儿上前一步，关渔突然紧紧地抱住她。兰轩儿难忍内心的悸动，脸靠在他的肩上。

角落里，一部单反相机探了出来，咔嚓一声将两人拥抱的画面定格。

三

❤

阎玉环在餐桌上开心地吃着早饭，翻看着报纸。阎刚从二楼走下来，“你跟达明订婚的事，办得怎么样了？”

“饭店订好了，下午去试吃，决定了菜色，另外请了主持人帮忙热闹现场气氛，还请了小提琴乐队。”

阎刚坐下，阎玉环将政治和经济版递了过去，她忽然愣住了，报纸娱乐版头条：一张醒目的照片，“刘达明”和兰轩儿抱在一起。套红的标题“刘达明和新欢K歌，幽静公园两人相拥”。

她愤怒地将牛奶杯重重放下。阎刚将老花眼镜摘下，狐疑地看了下女儿。阎玉环勉强挤出笑容，“没事，男足又输球了。”

杨国忠正在看刘达明商演的曲目单，阎玉环风风火火地闯了进来，“你到底是干什么吃的！怎么也不看着达明呢？”

“我让他去练跳舞了，你找他有事？”

阎玉环从皮包里拿出报纸，扔给杨国忠，“达明昨晚跟啤酒公司的兰轩儿在一起！”

杨国忠叹气摇头，“唉，老毛病又犯了。阎小姐，说句真话，达明一向风流浪漫，即使你天天跟着他，也无法阻止他被别人抢走！”

“那不行！”阎玉环气势汹汹地说，“我之前帮你拿到合约，你答应帮我看着他，我们是有协议的！”

“阎小姐，咱俩也算是一个战壕的朋友，我跟你说句交心话，女人打破沙锅问到底是最愚蠢的事。我有个朋友，人还算老实，但每星期总会有一天失去踪影。他老婆想尽办法调查，于是，他从一天变成二天、三天，最后变成一星期回来一天，最后的结果就是离婚！”

“你想告诉我什么？”

“适当地睁只眼闭只眼，这是门高深的学问。如果闹得不可开交，那分手只是早晚。听我一句劝，演唱会马上就要开始了，现在可不能出乱子。另外，想战胜你的敌人，首先，就要跟她成为朋友！距离对手越近，赢的机会越多！”

阎玉环玩味着杨国忠意味深长的话，停顿半晌，缓缓地露出一丝笑意。

舞蹈教室，关渔气喘吁吁的，累得像条死狗。舞蹈教师从镜子里看到他摇头皱眉，走上前关掉音乐，“达明，你是怎么了？”

“老师，我跳得怎么样？”

看着关渔竟然露出灿烂的笑，舞蹈教师没好气地说：“你跳的舞蹈，让我想起一条濒死的鱼，在下水道里痛苦地挣扎。”

关渔一步步逼近舞蹈老师，“这么说，你明白我的内心在挣扎？”

舞蹈老师步步后退，“你是不是神经错乱，动作都跟别人相反？”

“闭嘴！”众人回头。兰轩儿气冲冲地走上前去，“你刚刚的口气，让我想起一条没刷牙的臭鱼，臭屁地掉到粪坑，臭得连粪坑里的蛆全都探头大声地呐喊，谁的嘴那么臭呀！”

众人一阵哄笑。女舞蹈教师囧得一阵脸红，“你在骂谁？”

“你知道你刚才指责的，是个出了大车祸，受重伤、脑震荡、暂时失忆的人吗？你有必要这样损人吗？我最受不了欺善怕恶、自以为是的人！”兰轩儿拉着关渔朝门外走去。

关渔低着头说：“谢谢你。不过，老师都是这样的。也怪我不够好。”

兰轩儿岔开话题，“知道我为什么找你吗？阎玉环打电话到公司，说要请我吃饭。”

她从包里拿出报纸，上面有两人拥抱的照片，“托你的福，我竟然上报，变成你的新欢。”

“那她找你不是好事。你不要去。”

“不，我很好奇，她请我吃饭是什么目的。我只是来告诉你，我必须去。”

阎玉环和兰轩儿坐在高档的餐厅内。阎玉环看着兰轩儿，眼里闪过一丝不屑，心想：不是长得漂亮一点儿的女人，就有资格跟自己争夺男人的。况且，兰轩儿并不算十分出色。现在，这儿就是一个战场，我要让她知难而退。

她抬起手，优雅地召唤服务员，一边对兰轩儿说：“今天想吃点什么？随便点，我请客。我想这地方，你应该也不常来，好不容易来一次，应该吃得舒服尽兴才是。想吃什么，尽量点没关系！”

兰轩儿似笑非笑地看着阎玉环，示意服务员自己不要菜单，“极品燕窝炖盅来两份，还有那个清蒸九头鲍来两份，今天的皇家蜗牛，是普罗旺斯的吗？”

“是巴黎的。”

“那么刺身来一份，佛跳墙两盅，再给我两份深海鱼子酱。阎小姐，能喝红酒吧？来一瓶1937年的法国红酒。”

“兰小姐，看样子，你好像是这里的常客。”阎玉环试探着询问。兰轩儿点点头，示威地露出微笑，“阎小姐，你为什么这样看我？”

“我在想——我们能否成为好友。”

“能否成为好友，首先看诚意，能否有真诚的心，真心地为朋友着想。在上海，我曾经拥有过这样的好友，叫关渔。”

“哦，他是你的男朋友？”

“曾经我是这么想过。但是，我现在跟他的距离越来越远。”

“因为达明的关系？”阎玉环问。

“不是，也许你不相信。”

“报纸娱乐版，你跟达明抱在一起的照片，你怎么解释？”

“你想听真话，还是——”

“你别回避问题！”阎玉环再也忍不住了，把手里的叉子摔到桌子上，咄咄逼人地追问。

“你很清楚，他出车祸后变化太大，谁都无法预料。明天他会做出什么样的事，变成怎么样一个人，谁也不知道。他彷徨无助，要我陪他练歌，说出内心的痛苦，任何歌迷都会安慰鼓励他，我也一样。他感动地抱着我。那一刻，换成任何一个人，都无法拒绝一个那么脆弱的刘达明。”

“这就是你的解释？真是完美！”

“只有朋友才需要解释，我们是朋友吗？”

阎玉环不屑地看着她，“兰小姐，别把自己说得那么无辜。”

“看来，我们是话不投机半句多。我们无法成为朋友。”

“就凭你兰轩儿，根本不配当我朋友！我警告你，离达明远一点儿！有些人你伤不起，兰小姐。”

兰轩儿压抑的情绪忍不住爆发了，“跟我宣战？那好，告诉你，别以为你有几个臭钱，就以为自己是个公主！听好，请你分分秒秒地看好他，我再也不会拒绝他对我的任何追求！”

四

❤

闫刚坐不住了。他拿到报纸后，看到了那则娱乐新闻，惊讶地发现刘达明的新欢，正是兰轩儿。

对于闫刚来说，自从多年前那件事情后，他整个人生的雄心都被磨灭，变得浑浑噩噩、庸庸碌碌，只想混完这一生。

之所以到兰轩儿这儿住，是因为他当时需要找一个住所，另外能混上一些免费的饭菜当然更好。

作为一个一生没有过任何感情经历的人来说，闫刚知道，自己有女儿，绝对是天方夜谭。他之所以帮助兰轩儿回到公司，是因为兰轩儿对自己的触动。他发现，这个性格跳脱的女孩，非常重感情。对于关渔这样一个人，兰轩儿没有撒手不管。曾经，自己也是如此热血地帮助过朋友。

闫刚放下报纸，不安地来回走动，以他知道的情况判断，阎玉环那种性格，肯定会对兰轩儿不利。

如果再不阻止，这张报纸引起的血案就要发生。而这会让他后悔终身。闫刚匆匆地穿着拖鞋出了门，打车赶到了SOHA大厦门前。他蹲在停车场入口处，远远地看到了阎刚的车驶来，似乎下定了决心，闫刚丢掉了手里已经快燃烧到底的烟蒂，朝着阎刚的车走了过去，却被警卫一把拉住。

闫刚激动地说："阎老二，阎董！我真的有要紧的事告诉你！"

阎刚皱起眉头，"除了钱，你还有什么重要的事？"

阎刚头也不回地走向大厦电梯口。门外，被扯住的闫刚挣扎怒吼道："阎老二，曾在你公司当过售楼小姐的兰轩儿，她是你的女儿！"

阎刚顿了一下，还是走进了电梯，毫不犹豫地按下电梯键。闫刚继续声嘶力竭地大喊着："她就是兰雨荷的女儿！阎老二，你这个浑蛋！"

阎刚背身站在办公室里，内心极不平静，玩味着刚才闫刚说的话——他眼前出现了一个画面：当时追着车跑的女孩。那女孩让他感到一丝熟悉，现在想来，那个兰轩儿，真的跟兰雨荷长得很像。

阎刚拿起桌上的电话，"安排好饭店包厢，我要请清洁管理部的闫刚。"

接到电话的闫刚哼着歌，在镜子前换着西装。兰轩儿调侃闫刚，"爸，你要去约会？"

闫刚神秘兮兮地说："闺女，今晚，有个老董请我吃饭，谈重要的事。事情谈妥后，你我父女俩就翻身了。"兰轩儿根本没当回事，坐在沙发上不经意地问："如果没谈妥呢？"

"那是不可能的事！你不信，等着瞧吧！对了，你跟阎小姐吃饭结果怎么样？"闫刚眼里闪过一丝担心。

"不欢而散。"

"那是肯定的，你跟刘达明都上了报，她一定是气得跳脚。娱乐圈是很复杂的，再说……"闫刚正色地坐在兰轩儿身旁，忽然不知说什么好。

闫刚看着兰轩儿，突然问："轩儿，如果有一天，当你……当你变得有钱，非常有钱，你会不会忘了爸爸？"

兰轩儿一愣，"爸，你怎么会突然说出这种话，我现在没钱都想让你过得好，更何况我有钱？爸，以后不许再说这种傻话了，好吗？"

闫刚眼眶一红，缓缓地点头，"女儿，来，让爸爸抱抱你。以后抱你的机会不多了。"

兰轩儿抱了抱闫刚，"爸，你说什么呢，你才五十不到……"

闫刚挤出笑容掩饰，心里默默地说："轩儿，爸一定会让你有钱，找到你真正的爸爸。"

阎刚亲自上前为闫刚拉开椅子。

"真是受宠若惊。"闫刚讽刺道，"阎董亲自帮我拉把椅子坐，酒还没喝，头就开始晕了。"

"你我兄弟相交这么多年，应该的。"

"兄弟？我没听错吧。阎老二，一提到过去，我就心里难受。我一直想问你，你我兄弟多年，再次相逢，你怎么翻脸不认人了呢？当初你我雄心壮志到重庆接工程当包工头，你小子惹下的麻烦，可是我替你顶下来的。否则，你有今天吗？"

阎董感慨地叹息道："唉，是，兄弟，我至今仍然非常感谢你。"

“别左一句兄弟，右一句兄弟，叫得我心酸。在那个年代，我替你顶罪，最后包工头都干不成，你才顶上去干。你说，没有我，你能有今天吗？”

阎刚点头，默然不语地倒酒，“老闫，别提不愉快的事。喝酒！我敬你，我先干为敬。”阎刚又斟满一杯，“这杯我代替兰雨荷，向你致以最高歉意。”

“阎老二，兰雨荷已经死了。”

阎刚手中的酒杯掉落，碎了一地，他紧闭着双唇，眼睛泛着泪光。

“成功之后，我最大的心愿，就是找到她，弥补我的愧疚。没想到，雨荷完全不给我机会赎罪。”

闫刚拍拍他的肩膀，“阎老二，事都过去了，你也不用难过。当年你跟你老婆回上海不到三个月，兰雨荷就突然消失了。”

阎刚一脸疑惑，“消失？不是你把雨荷带走的吗？”

闫刚一拍桌面，“我老闫是这种人吗？古有明训‘朋友妻不可欺’，我怎么可能会带着她走？”

阎刚扑通一声跪下，“好兄弟，你为了我，一辈子都毁了，而我还误会你这么多年。”

“兰轩儿怎么办？这些日子我跟她相处，虽然我不是他的亲生父亲，但我可把她当成亲生女儿对待。”闫刚说着眼眶一红。

阎刚失落地摇了摇头，这个突然冒出来的女儿，自己实在是欠她太多。他想了想，提出在刘达明和阎玉环订婚的宴席上公开认这个女儿回家。闫刚嘴角抽搐着，把一份报纸拍在他的面前。

阎刚无力地拍了一下自己的头，“作孽啊，都是我干的好事！”

五

哈妮坐在面馆柜台后面，一脸惊讶地看着报纸，“兰轩儿居然做出这种事？你看今天娱乐版的新闻，兰轩儿竟然移情别恋，跟我的偶像刘达明抱在一起，成了他的新欢！”

哈军急忙上前拿起报纸看，“大明星风流，这很正常呀！”

哈妮看了看厨房，刘达明出去买新单车了。她不知道刘达明知道这件事后，会有什么反应。她低声叮嘱哥哥，哈军的眼神也变了，喃喃地说：“看不出来啊，兰轩儿会是这样的人。”

刘达明神清气爽地推着新单车回到面馆，“说什么事呢，这么神秘？”

哈军用眼神暗示哈妮，把桌上报纸藏起来。哈妮面色不正常地干笑道：“哈哈，没事，我哥刚说了笑话。”

刘达明开心地拍着单车的坐垫，大喊一声，“走，哈妮，我带你兜风去！”

刘达明带着哈妮骑着单车走在路上，扭头喊道：“我早就想买这单车，我现在非常需要健身！”

哈妮喊道：“最近面馆生意不错，我老哥变得大方多了！送部单车奖励也是应该的！几乎所有的客人都是冲着你来的！”

刹车声从右前方传来，刘达明立刻抓紧手刹尖叫。一辆跑车飘移，停在面前不到一米的地方，刘达明吓得一身冷汗。

阎玉环推开车门下了车。刘达明忘记了发火，怔怔地看着她，“小姐，我们之前是不是认识？我觉得你很面熟！”

阎玉环看人没事，语气重新嚣张起来，“你这种老套的搭讪，是不是该换个新招了！”

刘达明似乎中邪一样，走到阎玉环的车旁，摸着车身，猛然回头，“我们是不是在街上飙过车？”

“飙车？”阎玉环打开车门坐进驾驶座，转头看看刘达明的单车，“我看你是在做白日梦吧？”她发动引擎，戴上墨镜。刘达明看到车门露出一截LV包的背带，正要开口，车已经冲出去了。

刘达明立刻跨上车，猛力地踩着，在后面死命追逐。阎玉环从后视镜发现他竟然骑着单车追，突然踩住刹车。

刘达明说：“小姐，你的LV包带子夹在门外，恐怕毁了。你怎么老犯这种错误？”

阎玉环听到这句话，呆呆地看着刘达明远去的背影，越看越感到熟悉。

苦练了一天唱功的关渔疲惫地走进客厅。杨国忠在客厅看合同，愤怒地拍了一下桌子，“达明，糟了，我们跟啤酒公司签的合同有漏洞！这个合同附属条款里写着，如果刘达明代言的歌友会假唱，将要赔付给本公司所付给刘达明代言费的同等价钱！那就是一千万！”

“你不是说，合同你看过，没问题吗？”关渔疑惑地看着杨国忠。

杨国忠有些尴尬，“当初，没有想到你的嗓子唱腔会出现问题，所以对假唱这个条款没在意。再说，你签字的时候，也仔细看过不是吗？”

“严格来说，我并没有注意看。”关渔心不在焉地说。

“这我就不懂了，你跟兰轩儿搂搂抱抱都上了报，那她应该是喜欢你。这个合同的漏洞，她会没有发现？还是说，她是一个心机很深的女孩，表面上乖巧可爱，其实心狠手辣。”

“你说得太权谋，我不相信她会是那种人。”关渔说。

“达明，你不能因为喜欢她，就先入为主地偏袒。”杨国忠摇摇头，“一般歌友会，为了演出效果，通常都会有一部分是假唱对嘴。再说，你还没完全恢复，真刀实枪地硬碰硬真唱，风险太大了。”

关渔不耐烦地说：“那我不唱了？”

杨国忠一跃而起，“不唱就得赔偿一千万！对了，达明，阎玉环在楼上等你。”

阎玉环穿着睡衣斜靠在床头上，她脑子里充满了下午路遇的那个背影。关渔一脸不情愿地走了进来。

阎玉环忽然鼻子发酸，她的眼泪让关渔有些手足无措。关渔硬着头皮上前，“你怎么哭了？”

“我从报纸上看到关于你跟兰轩儿的事，已经不知道难过得哭了几回！我们就要订婚了，会有大批媒体和记者来采访，到时候他们八卦地问起你跟兰轩儿的事，那不是让我难堪吗？你又怎么去解释？”

关渔无语，想了想，退出房间，蹑手蹑脚地绕过客厅熟睡的阿牛，拿起衣服，从花园的后门溜了出去。意外地，阎玉环这次没有纠缠他。

关渔如同做贼一般行走在夜色中，他无处可去。不能去哈氏面馆，更不能去找兰轩儿，带着这张明星脸，他也无法安静地入住任何一个旅店。他只知道自己无论如何在想到办法之前，都不可以被找到。

清凉的夜风吹拂着关渔的脸庞，他觉得是时候清醒过来了，几个月以来的明星生活曾让他无法自拔，尤其是当他面对真正的刘达明的时候，尤其是他发现自己可以用卡上数不完的钱让兰轩儿开心的时候。

然而，真相早晚都会被昭告天下。关渔相信，那一天随着演唱会上自己无法见人的唱功，很快就会到来，是时候面对真相了。

Chapter 10

等待属于你的戈多

别不相信心有灵犀，心中挚爱的两个人，即便环境、外貌发生了变化，也是上辈子喝少了孟婆汤，怎么都会有直接的感应。

弄虚作假，不是耐心、虚心，就能学会的。有些东西你再努力，也是换汤不换药，难以改变。

一

❤

赵洪波怀疑自己做噩梦了，他狠狠地掐了自己一下，疼得龇牙咧嘴。随即，他又觉得自己是因为长期找不到工作而压力过大，出现了幻视和幻听。

关渔敲响赵洪波家的门时，已经是深夜。赵洪波打开了房门，随即晕倒在地。关渔掐了掐赵洪波的人中，让他苏醒过来。赵洪波总算为自己找到了一个合理的解释，向关渔身后看去，颤巍巍地问："你们是在拍整蛊节目吗？"

"什么整蛊节目，我是关渔！"

"我几天前才在哈氏面馆见过关渔！"赵洪波说，"你一个明星，半夜到我家里来，到底要干什么？"

"波波！"赵洪波愣了，关渔继续说，"高二那年的期末考试，我把考卷故意露给你看，才帮你数学过关，你忘了吗？前不久我们凑钱买了一套西服，我穿太大，你穿正好，你忘了吗？"

赵洪波瞪大了眼睛，"关渔是不是参加了你们的节目，出卖了我？"

关渔泄气地坐在沙发上，把车祸前后的真相原原本本地告诉了赵洪波。赵洪波激动地站了起来，"那面馆里的关渔是谁？"

"只可能是刘达明了。"

赵洪波崩溃地抓了抓头，"天哪！我真的崩溃了！"他脑子里迅速地羡慕起关渔来，如果是我，那我现在岂不是也过上了潇洒无比的灿烂人生。

"我刚开始发现自己变成刘达明，我的头也快炸了，像是做梦一样。我看过法国一篇存在主义的小说，男主人公一觉醒来，竟然发现自己变成一节节的爬虫。而我很庆幸，没变爬虫，变成了帅哥刘达明！我也不知道到底是怎么回事！”

“依照你刚说的情况，”赵洪波开始分析，“很可能你跟刘达明，在医院时阴错阳差地被弄错了身份，而现在的整形医学又那么发达，所以——”

“我被整形成刘达明。”关渔说，“刚开始，因为脑震荡，我暂时失去记忆，有些地方是空白的。但是后来，我恢复记忆后，心里非常矛盾纠结，我从一个默默无闻的面馆打工者，一下变成超级巨星。我心里充满疑惑和惶恐，也充满了兴奋和纠结。”

“那很正常，你是幸运儿，像《乞丐王子》电影一样。而真正的刘达明可就苦了，还在面馆里打工！”赵洪波耸耸肩膀，对关渔的狗屎运表示异常艳羡。

“我跟他见过面，你知道吗？第一次见到过去的我，那种惊讶错愕，实在无法形容，但我发现他见到现在的我——见到过去的刘达明，似乎没有多大反应。我怀疑他肯定还没有恢复记忆，还在摸索适应寻找着自我。”

赵洪波凑了过来，抄起了一份报纸，这下他对刘达明爱上兰轩儿有了合理的解释。关渔愁眉苦脸地说：“关键在于，我现在非常痛苦。经纪人帮我签了新约，马上就要面临表演，我也喜欢唱歌……”

“哈哈哈哈！”赵洪波想到了关渔的歌声，忍不住哈哈大笑。关渔使劲打了赵洪波一下，“这可是个严肃问题，而且，刘达明有个未婚妻叫阎玉环，长得非常漂亮，成天要和我上床！”

“那只有一条路。”赵洪波坚定地看着关渔。

“什么路？”关渔迫切地问。

“去面馆，找真正的刘达明帮忙！”

关渔胸有成竹地回到别墅，发现除杨国忠以外，所有的用人都跪在地上。杨国忠扑了上来，“达明，你怎么又消失不见了？急死我了！”

关渔懒得回答，走到沙发上坐下，“管家，你们这是干什么？”

“王子，您的经纪人杨大哥告诫我们，如果您再无故消失不见，就要把我们全部辞退回老家。请您帮帮忙！”

关渔转头看了杨国忠一眼，“都起来吧。你们都不会被辞退的，他没这个权力。”

杨国忠急得抓耳挠腮地说：“达明，就算你去跟女人约会，说一声行吗？别老是无缘无故地消失！你未来的岳父，SOHA集团公司的董事长阎刚约了你今晚吃饭！达明，我不知道你为什么会放着身边美丽又多金的阎玉环不顾，而去喜欢那个兰轩儿！这万一把阎董搞恼火了，对你事业的发展，可是大大地不利！”

关渔示意杨国忠不要再说，独自上了楼。他知道，既然要做刘达明，就要作好所有的准备，包括面对这个让杨国忠诚惶诚恐的阎刚。

二

❤

阎刚的助理李少文客气地敲开了兰轩儿的家门，“兰小姐，你好，我今天是专程来副总经理的家……”

“等等，我没听错吧，副总经理家？”兰轩儿莫名其妙。

“是的，闫刚先生已经被提拔为SOHA公司的副总经理了。”

闫刚得意地一笑，“阎董派了他的助理李少文，拿房产开发公司现有的房子，让我们挑选后搬进去住。”

“爸爸，这到底是怎么回事？你怎么会突然从清洁工一下子升到副总经理，怎么会有这种事？”

“事情是这样，之前阎董对我有误会，故意让我去做清洁工来考验我。现在误会解除了，我可以回到应有的职位上。至于买房子给我，那也是种弥补，这样你明白了吗？”

关渔一本正经地和阎刚对坐。阎刚和善地说：“你就要跟玉环订婚了，都是自家人，不用客套。我听玉环说，你签了新约，先预祝你演出成功。”

关渔猜到阎刚的用意，一定是为那份八卦报纸来的，他先开了口，“阎董，很对不起您和玉环，因为一个记者的偏颇报道，增添了您的麻烦。”

“很好，”阎刚满意地点点头，“说真的，过去你的绯闻不少，当时我并不赞同玉环跟你交往，但我尊重我女儿的选择。”阎董欲言又止地看着关渔，“我想问你一些话，希望你真诚地回答我。我知道，我的女儿玉环有些骄纵任性，再加上在国外读书，比较开放，而你是个大明星，当初你们怎么会相爱的？”

关渔摇摇头，“我记不起来是为什么。”

“那么你觉得兰轩儿是个什么样的女孩？”见关渔有些吃惊，阎刚解释说，“坦白地说，兰轩儿的父亲是我的好友，不管你是喜欢玉环或者是兰轩儿，我都接受。我不希望玉环因为你，跟兰轩儿的关系变成仇人。”

“她是个善良纯真而直爽的女孩，爱恨分明，充满正义感，勇于助人，或许她缺乏父爱，也对这种情感的期望很高。”

“你怎么会这么了解她？”阎刚有些意外，“她只是啤酒公司派来跟你洽谈签约的，你怎么连她缺乏父爱这种私密的事都知道？”

阎刚盯着关渔的眼睛，“你喜欢她。我也是男人，我也年轻过。我只希望你，不要伤害了玉环。”

哈妮手拿着名片一脸好奇地看着站在面馆门口的杂志记者。“我是《娱乐周刊》的记者，我想采访打工皇帝——泔水哥，方便吗？”记者问。

关渔和哈军从厨房走出来，来到记者面前。

“你就是打工皇帝——泔水哥？”

刘达明傲气地说：“我不知道‘泔水哥’这个称呼是怎么来的，我并不喜欢这称呼。我比较能接受‘打工皇帝’的昵称，比较霸气。”

“关渔，你对于成为网络红人有什么感觉？”记者看看刘达明，“你的装扮，挺有品位。”

“其实，就算是没有网上‘泔水哥’这名号，我还是一样早晚会火的。”刘达明傲气地说。

“我看过电视台的报道，你唱的歌的确非常好听，有专业的水平。你会去参加电视台的达人秀才艺表演或比赛吗？”

“会的，这是我预定的计划！”刘达明像明星一样自信。

哈军迫不及待地插话道：“泔水哥他会继续在我面馆工作和表演。事实上，他非常看好我们哈氏集团在餐饮业的发展前景。”

“如果有机会，我会去拍电影。”刘达明话一出口，众人一阵惊讶，“事实上，除了唱歌，我对表演也很擅长。我也想把面馆里发生的事向观众展示，表达大部分打工者的心境。我是打工皇帝，很有代表性，可以传达他们的心声，他们都是社会上默默工作的一群年轻人。”

“对了，你有女朋友吗？”记者又问。

刘达明略为迟疑地停顿了一下，悄悄地看了一眼哈妮。

关渔坐的豪华轿车停在面馆旁不远处，看着被粉丝簇拥的刘达明，暗自感叹道：“是金子在哪里都会发光！”他略带失落，悄悄从后门走进，一拍哈军的肩膀，“哈总，问你借个人行吗？”

刘达明和关渔坐在豪华轿车内，面面相觑。关渔打破了沉默，“你最近很红啊，现在不知道打工皇帝泔水哥，那就OUT（落伍）了。”他说明了自己的来意，想请刘达明帮助自己唱歌过关。说完，盯着刘达明的眼睛，想判断刘达明到底有没有恢复过去的记忆。

“没问题！我爱唱歌，只要有机会唱歌，我就很开心。”

关渔如释重负，提议道：“那为了我们的合作，去喝一杯？”

两人一起朝着面馆走去，碰巧兰轩儿和闫刚也在面馆中。兰轩儿同时见到关渔和刘达明，有些不知所措。闫刚则沉下脸走向关渔。

关渔本能地说：“伯父，您好，一起坐吧，我请客。”

闫刚冷着脸，“不用，我怕万一被哪个记者拍到又要上报了。”

刘达明好奇地问：“上报？”

“对啊。”闫刚没好气地说，“难道你没看到报纸，我女儿和这个该死的刘达明在传绯闻吗？”

哈妮的心提到了嗓子眼，哈军挽起袖子，准备拉开暴怒的刘达明。刘达明笑了笑，“其实，大可不必把这些事儿放在心上，真的。”

他转头对关渔开玩笑地问：“你不会因此，就不和我合作了吧？”

三

❤

关渔独自站在露台上，吩咐不要让任何人来打搅自己。

望着寂静的庭园，回忆着刚才的一切，他心里隐约有些怪异的感觉。刘达明对自己跟兰轩儿传出的绯闻，没有感觉，这是否说明他以前的记忆并没有完全丢失。如果，他的内心深处还爱着阎玉环，事情显然错综复杂，更为难办了。

同样心事重重的还有兰轩儿。回到家中，兰轩儿坐在沙发上闷闷不乐，她埋怨闫刚的莽撞，因为内心里，她还没有作出自己最后的选择。

闫刚定了定神，开始解释道：“闺女，阎董跟我是铁哥们，二十几年的朋友。阎玉环是他的女儿。如果，你跟阎玉环的未婚夫刘达明传出绯闻，大家都会很尴尬，是不是这样？”

兰轩儿爆发了，“你跟阎董是铁哥们，他刚升你当他的副总经理，还要送套房给你，所以你的女儿，就不能跟他的女儿争，对不对？”

闫刚面露难色。兰轩儿一言不发，满脸的失望，起身走回房间关上门。

兰轩儿穿着睡衣站在房间的阳台上，望着窗外，为什么，为什么当初的激情都烟消云散？关渔，为何如此冷漠、不关心我，这哪是我过去所认识的关渔？

兰轩儿弓起双腿，将头埋在膝盖里沉思。耳边响起“刘达明”说过的话——“我不喜欢老是倾听你的过去，存在的现实是最重要。如果你迷惘该喜欢谁，你应该尊重你自己的直觉，而不是执迷于过去。放弃他，重新选择我。”

辗转难眠的还有阎玉环，她躺在自家窗下的摇椅上，望着窗外发愣。阎刚穿着睡袍，拎着一瓶红酒和杯子走进房间，“我在犹豫，你跟达明的订婚，是否要延后。”

阎玉环一惊，“因为兰轩儿？”

阎刚欲言又止地放下酒杯，“他虽然一再表示他跟兰轩儿只是朋友，但是，我从他的语气和反应，感觉到他喜欢兰轩儿。”

阎玉环眉毛竖立了起来，“我就知道是这个见钱眼开的贱女人作梗！”

“玉环，别这么骂人！”

“爸，我骂错了吗？一个巴掌拍不响，如果她没有勾引达明，达明怎么会在这么短的时间喜欢上她这么一个女人？”

“我跟他讨论过订婚的事，我也很明确地告诉他，不希望你受到伤害。他很明确地说，他不会！也许，他心里对你还有着一份责任，但是婚姻是两情相悦，光有责任是不够的。你应该放弃你的骄纵任性，多关心他目前承受的压力，找回你们之间曾经拥有的情感。唯有这样，我认为，你们订婚才会水到渠成。”

阎刚犹豫了许久，终于说出了那句可能伤害到阎玉环的话，“我见过兰轩儿，她是个善良讲理的女孩。我不希望你用辱骂的方式面对她，那只会引起达明的反感，反而会将达明推到她的身边，懂吗？”这是他现在唯一能做的事情——给自己两个女儿保护，这个手握巨额财富的老人显得如此无力，只能寄望于时间能解决一切问题。

阎玉环把玩着手中的酒杯，陷入了深思。

刘达明也没有入睡，他奇怪于自己的大度，他自认为不是这样的人。在内心里，他追问着自己：为什么，为什么我刻意地想，仍然是无动于衷？兰轩儿是我的女友吗？我曾经真的爱过她吗？

哈妮探头看看刘达明，见他翻来覆去，猜想关渔一定是因为兰轩儿和刘达明的绯闻上报正在伤心。白天，他只不过是故作坚强。她自己的心像被堵塞了一样难受，轻轻地问："你是不是看了报道很生气？"

刘达明茫然地摇头叹气，"我刚才也在问自己，为什么我会没反应？我甚至怀疑，过去我真的喜欢、爱过她吗？"刘达明捂着头苦思，"为什么我都想不起来。"

哈妮安抚地拍拍他的肩，"那就别去想了，顺其自然。"

刘达明抬头看着哈妮，眼神深情又充满疑惑。哈妮心慌地回避他的眼神，却又情不自禁地看他。刘达明突然一把有力地抱住哈妮，月光下，时间流逝，哈妮突然娇羞地推开刘达明跑了出去。

刘达明的脸上露出笑容，喃喃地说："我，我终于找到答案了。"

四

❤

清晨的哈氏面馆外，隐约传来歌声和琴声。刘达明的双手在面馆的电子琴键盘上熟练地游走弹唱，左脚随着音乐的节奏打着拍子。

哈妮骑着单车回来，见到刘达明在练唱便没有打扰他，在一旁静静地看，一曲唱毕，哈妮鼓掌，“好好听，这是什么歌？”

“刘达明歌友会要演唱的新歌。”

“刘达明要帮你进入歌唱界？”哈妮瞬间兴奋起来，像个得到了糖果的孩子。

兰轩儿经过一夜的思考，拎着水果和饮料，来找“刘达明”。她走到舞蹈教室窗旁，关渔站在舞蹈教师的身后，费力地跟着节奏。关渔发现兰轩儿，利用跳舞的肢体动作，偷偷地送了个飞吻给兰轩儿。

舞蹈教师旋即走上前去关了音响，“好了，休息十分钟。达明，你刚才那个动作，很有创意。”随即复制了一下关渔边跳边送出飞吻的动作。

兰轩儿递过水果，心疼地看着满身大汗的刘达明。

“抱歉，待会儿我会跟关渔一起练唱，不能陪你了。”关渔说。

“你为什么这么卖力，”兰轩儿问，“不是可以假唱的吗？”

关渔无奈地说：“跟你们公司签订的合同里，有一条，如果假唱，要巨额赔偿的。所以，逼得我必须加紧练习。”

兰轩儿放下水果转身就跑。她打车飞奔到了熊牌啤酒公司，一脚踢开祝家庄的门。

“副总，我们跟刘达明签的合约中怎么会有一条发现假唱，要赔巨额的赔偿金？签约前我看过合约没有这一条。你是不是利用刘达明有意见时，重新修改的时候，偷偷地加了这一条附属条款？”

“那怎么了？”祝家庄悠哉地说。

“副总，你怎么可以这样！这个合同是我去洽谈的，你这不是在陷害我吗？”

“你懂什么，”祝家庄说，“像刘达明这种明星，一旦假唱被发现了，不等于说，我们的啤酒也是假的吗？这样的任务，不找点东西掐住他的脖子，他能老老实实帮我们代言演唱吗？”

刘达明忙完面馆的事，骑上了单车，如约来到刘达明的别墅。阎玉环的跑车恰好也停在了别墅的门口。阎玉环朝他轻蔑一笑，这些场景让刘达明似乎想起了什么。他的头开始隐痛，人从车上摔了下来。

阎玉环停车，走到刘达明面前，“喂，你怎么了？”

刘达明粗重地喘息，“我刚突然想起我们以前的事，你跟我飙车，车停在旁边跟我说话。”

阎玉环不屑地问：“那我说了什么？”

“嗨——想跟我玩吗？”

阎玉环恼火地打了刘达明一巴掌，“你搭讪的招数，越来越烂了。”

“拜托，我不是搭讪，我真的开了路虎车。”

管家带着刘达明走向书房。刘达明一愣，一脸的疑惑，为什么感觉来过这里？他站在书桌前，闭起眼冥想，过了一会儿睁开眼，看着音响，拿起了一旁的遥控器：BOSS（效果器品牌）可以穿透三面墙的遥控器，可以存录三千首歌。他情不自禁地按下遥控器，优美的歌声传来。

阎玉环欣喜地推开书房的门，“达明，这么早？”却惊讶地看到“关渔”的脸。

“玉环，我是刘达明新的助手，我叫关渔。”

“你怎么知道我叫玉环？”

刘达明耸耸肩，“就人类潜意识来说，我会知道你的名字，那表示我们曾经有过——”专属于刘达明的久违的坏笑重新回到了刘达明的脸上，“亲密关系。”

关渔匆匆地走进书房，冷淡地说：“待会儿关渔陪我练唱新歌。不能陪你了。”阎玉环满脑子疑惑地出了门。关渔将门反锁上，刘达明一脸惊讶地看着钢琴、音响和一旁的录音室。他拿出歌谱，走到钢琴前，用左手打开了钢琴的盖子，坐在椅子上，将新的歌谱摆好。片刻，动人的声音从录音室传了出来。

刘达明的歌声从练唱室飘向户外，小李和厨师不约而同地探头聆听，厨师不禁赞美道："王子恢复了！"

司机也激动地说："没错，喂，不能再叫王子，叫老大！"

阎玉环坐在后花园，喝着咖啡聆听着歌声。杨国忠走来，好奇地走向阎玉环，"达明在练唱？我本来还担心，现在听到歌声，心里有底了。"

"你来干吗？"

"我今天去接洽一家广告公司。他们公司看到达明即将复出面对歌友会，想找达明拍广告，价钱出得很高呢！"

关渔开心地鼓掌，"唱得太好了！"

"你太客气了，这首歌我觉得不难唱，重要的是，有几个转音，声调较高，如果没有唱好，就会走音很难听。"

"嗯，我的声音没你高，也没有你浑厚有力，那怎么克服？"

"不可能，刘达明之所以在歌坛上屹立不摇，就是因为这个强项啊！"

关渔尴尬地苦笑，突然发现刘达明用左手翻阅歌谱，"你是左撇子？"

"本来是，小时候被强迫纠正。现在我几乎是左右手都能用，唯有在唱歌时我是用左手拿麦克风，左手翻阅歌谱，用左脚打节拍。"

关渔硬着头皮换左手拿起麦克风。敲门声响起，"达明，是我杨国忠！"

杨国忠笑容满面地和阎玉环进来，管家和用人端着水果和饮料。刘达明看着杨国忠，眯着眼，杨国忠也发现刘达明，好奇地问："达明，听阎小姐说，你找了新助手？"

"是的，我帮你介绍，他叫关渔。"

"你好，你是达明的经纪人杨国忠先生？"

杨国忠敷衍一笑，"对了，达明，有个产品广告，厂家老板跟广告公司说指定要你，他们出的价很高，五百万。跟歌友会时间上不冲突，全能那家广告公司说可以等你。"

"全能广告公司？"一旁的刘达明突然插话，"那家广告公司接的案子拍的水平很低俗，不接也罢。"

杨国忠恼火地走上前，“你一个小助手，我们谈话你发表什么意见？”

刘达明脸色苍白，似乎受到了很大的侮辱。关渔立刻大声呵斥道：“杨国忠，你别无礼羞辱我的朋友！我们要继续练习了，你们都走！”

关渔内心有一丝慌张——如果有一天，真的刘达明恢复记忆了，那该怎么办?

这一次，换做关渔在录音室练唱，刘达明戴着耳机坐在录音台调音。隔着玻璃，关渔比出OK手势，刘达明熟练地操作。一曲完毕，关渔推开录音室的门，“怎么样？我唱得有进步吗？”

“就我的专业来听，你根本不合格。虽然，从进练唱室到现在，你进步神速。但是，后天晚上就要面对歌友会，我还是替你担心。”

“时间这么短，怎么办？”

“你先全力地练唱新歌的演唱技巧。另外，我觉得你的经纪人帮你挑的歌有许多是抒情歌，这种慢歌，功底不好很容易被听出破绽。以你目前的嗓音状态，我觉得应该挑选音乐节奏快速的曲风，强烈的伴奏会掩盖你目前的缺点。”

关渔赞许地点点头，“谢谢你的建议，很好。麻烦你帮我挑选适合的歌练唱！”他伸出手掌，两人击掌，“加油再加油！”两人拳头碰拳头，相视一笑。

五

练习完毕，关渔安排司机小李送刘达明回去。刘达明坐在后座，“小李，前面红绿灯口右转走小路比较快。”

“关先生，你怎么知道我叫小李？是我们老大告诉你的？”

“谁是你们老大？”

“刘达明先生，以前我们都叫他王子。”

刘达明一听到“王子”，身体一震，闭着眼陷入了思索当中。小李滔滔不绝地起了谈兴，“他认为叫他王子很恶心，不喜欢，叫他名字又没大没小。后来，我们跟厨师几人商量，我们是为他服务，他是我们老大，就改叫老大了。”

“哦，你觉得你们老大刘达明，人怎么样？”

“他出车祸后变了很多，变得有人情味，变得懂得尊重别人，变得跟我们下人比较亲近随和。”

“那没出车祸之前是个什么样的人？”刘达明直起身子，盯着小李问。

“动不动就发脾气整人，非常自我、狂妄。说真的，赚他那几个钱，心惊肉跳，只要他一不顺心，就……”

哈妮坐在客厅发呆，哈军看着妹妹犯愁。关渔出门了，到现在还没回来，妹妹一整天都魂不守舍的，这绝对是有情况的征兆。他在心里冷哼一声，如果没有之前关渔和兰轩儿的桥段，说不定自己还会支持这段感情。可是现在，唉，哈军心乱了。他下定决心，如果关渔对不起妹妹，一定要打断他的狗腿！

电话铃响了，哈妮反应过来，无精打采地拿起电话，她整个面部表情马上飞扬了起来。不顾哈军的诧异，哈妮飞奔出门。

上海最豪华的餐厅里面，哈妮觉得自己眼睛都不够用了，桌面上摆着让人垂涎欲滴的两只大螃蟹，还有鱼虾、海鲜粥。哈妮一脸惊讶地看着关渔，“什么？就这一天，刘达明给你两万块？”

“是啊，我觉得刘达明是个不错的人。今天他的经纪人冲撞我，说我兜里掏不出五百块钱，他就怒了，拿了两万块给我。”

“我太开心了，关渔，将来有这大歌星帮忙，你很快就会红了。来，干杯！”

月光下，哈妮和刘达明两人牵着手，唱着歌，醉醺醺地走回家，借着月色，刘达明看着哈妮甜美的笑容，有些陶醉。他突然一把拉住哈妮，深情表白，“哈妮，有时候我在公车上，看见个漂亮清纯的女孩，我会喜欢她，那只是心情愉悦的感觉而已，就像刘达明是你的偶像，你也喜欢他。而爱就不同，你会不由自主地关心她，想要跟她生活在一起。”

哈妮愣愣地听着，激动得眼眶一红。刘达明也感动地看着她，没等她说话，吻了过去。

面馆内，哈军冲了出来，一声大喝道：“好小子，终于露出了尾巴！”

他手里拿出一根棒球棍朝着刘达明挥过来。刘达明一个闪躲，头咚的一声撞上墙，踉跄着跌倒在地。

哈妮埋怨地看了一眼哈军，哈军搓了搓手，不好意思地放下棒球棍，和哈妮一起把刘达明搀扶起来。十几分钟后，刘达明起身，没有想象中的暴怒和恐慌，一脸冷静地对哈军说：“你是哈总？”刘达明用手摸着额头的血，“哈总，谢谢你，把我打醒了。”

“很好，我虽然没打中，但是撞墙的效果是一样。你现在明白自己是谁了吧？”哈军继续没皮没脸地揽过功劳。

“明白！我非常明白。”刘达明怔怔地走向浴室。浴室内，刘达明看着镜中的自己，突然用力地出拳捶打在墙壁上。

“啊！”

凄厉的叫声让客厅的哈氏兄妹惊慌起来。哈妮冲到浴室门口，一连串“咚咚……”的捶墙声音传出，浴室门被锁住了。哈军大喝一声，叫妹妹让开，奔跑过来咚的一声把门撞开——刘达明举起满是血迹的左手，看了一眼晕了过去。

六

❤

关渔坐在琴房沙发上，看着左手缠着厚厚的纱布、默不做声的刘达明，关切地问："关渔，你的手和头怎么了？"

"我自己捶墙壁伤的！因为我昨晚发现，我的脸不见了！"刘达明围着他转了一圈，"我在想，为什么我的脸会变成了你的！"

关渔呆住，没想到自己一直担心的事情终于还是发生了。原本好转的事态，向着更为不可预测的一面滑落。

"你以为你拥有了我的脸，就可以拥有我的全部吗？"刘达明不屑地看着关渔。

关渔摇摇头，诚恳地回答："这问题，我也想了很久。不过，你是什么时候恢复记忆的？"

"你怕我恢复记忆之后，你就不再是王子，你就不再是人人喜爱的大明星？"

"我承认，这个头衔让我迷惑。但我现在承受的，却是更大的压力，后天的歌友会，我就不知道我能否过关。"

"所以，你找我帮你，给我两万贿赂我？"刘达明挑起眼眉。

"不，我不是。再说，钱本来就是你的，怎么算是贿赂？"

"哼，你倒会拿我的钱到处做好人。"

"我不会乱花你的钱，"关渔忙说，"除了我花三万，帮兰轩儿赎回她当在典当行的包送给她，其他的没花到你的钱，而且这笔钱我也记下来了。"

刘达明一怔，“你记下来了？”

“我知道你早晚会恢复记忆，到时候一定会来找我。我是学国民经济管理的，钱的事情我绝不会打迷糊账，该你的跑不了，欠你的我会还。”

“说得好听！”

“没错，我把你所有的卡、银行户头的密码全改了。”

“什么？你想侵占我的财产？”

“你这是什么话，我只是在帮你管理。事实上，你对金钱太迷糊，太不经意了，我发现你的经纪人挪用你的钱投资股票，联合管家做假账。我把密码全改掉，我相信他们心里很清楚，生怕我去查账。”

“这么说，我还应该聘你当我的财务管理？”

“你不用损我，我说的都是真话。”

刘达明歇斯底里地愤怒道：“我不相信这世界上，有你这种傻瓜！你想想你之前过的是什么样的生活？抠门的哈军，一个月就给两千五。在上海两千五能干什么？你一无所有，现在突然变成大明星，什么都有，你都没有想过侵占这所有的一切？”

关渔站起来，挥拳向刘达明打过去，“你闭嘴！别用你的智商来推测我的行为！没错，我是一无所有！你可以嘲笑我，到处面试求职、处处碰壁；你可以嘲笑我，愚蠢到被骗了八千元的保证金；你甚至可以嘲笑我，堂堂大学毕业生沦落到面馆打工！但是你绝对不能侮辱我的人格，因为那是我身上仅有的财产！”

被打的刘达明愣住了，这突然的爆发使两个人都冷静了下来。刘达明和关渔，看了看对方。刘达明张张嘴，说：“现在说什么都没用了，都已经成为事实了。难不成，我们两人再回医院重新整容，把脸整回来？”

“木已成舟，我觉得已经没意义，也没必要。”关渔郁闷地挥挥手。刘达明受刺激一样跳了起来，“你变成大明星，变成大帅哥，你当然觉得没必要了！”

“你活得快乐吗，当你还是刘达明的时候？”关渔近乎疯狂，咬牙切齿地问，“现在，我都快要被这种生活逼疯了。”

刘达明颓然地坐下去，摇了摇头，用突然苍老的声音说：“我觉得现在挺好。”

阎玉环推门走了进来，手捧着一大盘水果，“你们休息一会儿吃点水果，累了吧？”

两人对望，连连点头，同时说：“累啊，真累！”

阎玉环翻翻白眼，“你们俩这么短的时间在一起，还真培养出了默契！达明，我一个人在客厅看电视好无聊。我不吵你们练唱，就静静地坐在一旁陪你，可以吗？”

“不行！”两个人异口同声地回答。

阎玉环摸摸关渔的脑袋，又靠近刘达明摸了摸，“你们俩怎么回事，说话怎么变得跟芍药姐妹的兄弟俩一样？”

两人不禁同时发出尖叫，惊讶地看着阎玉环。“好好，你们俩别瞪我。我不吵你们，我出去逛街。中午吃饭的时候，我开车来接你们一起吃饭。”阎玉环飞快地在关渔脸上亲了一下，“今晚我留在这陪你，我走了！”

等阎玉环走了，刘达明朝着关渔猛然地挥出一拳，“我问你，你是不是跟阎玉环上床了？”

关渔推开刘达明，“拜托，我才不会这么卑鄙下流。”

“你别自命清高。她刚才说今晚留在这陪你，那种暧昧的眼神，我一看就明白你跟她的关系！你别否认！”

关渔连忙解释道：“我还是处男，你想可能吗？”

“你说什么，你还是处男？”刘达明仰头大笑，回头还用手指着他，笑个不停，“我才不相信你的鬼话，都大学毕业了，你还好意思这么说！你跟你女朋友兰轩儿，都是纯纯的爱，小手都没碰过？”

关渔不服气地说：“拉手算什么，连嘴都亲过了！”

“这样也算，那我的女朋友有数百个都不止！”

关渔大恼，攥着拳头逼近刘达明，“你真是肮脏！我问你，你是不是趁机跟我的女友怎么样了？快说，你跟她到底做了些什么？”

刘达明贼笑，一副无奈的样子，“该做的……都做了。”

“我要杀了你！”关渔愤怒大吼。刘达明拔腿就跑，两人围着钢琴绕圈子。刘达明笑得喘不上气来，断断续续地说：“我骗你，逗你玩的，我只是跟她亲过嘴而已。”

两人同时瘫倒在地，不约而同地大笑，笑到眼泪从眼角流出。

“好了，别浪费时间，开始练唱吧！”刘达明正色说。

“你都恢复记忆了，我还练什么，你自己唱吧！”

“拜托，现在的刘达明是你，我怎么上台唱？我告诉你，我绝对不允许我多年经营的招牌和形象，毁在你的手里，懂吗？”

刘达明的手机响了，“哈妮，我爸爸来上海找我？带了什么……”

关渔惊喜地问：“是长沙特产臭豆腐，还是湘黄鸡？”

“都带了。”刘达明站起来，“我现在马上回去。”他看看关渔，“你嚷个什么劲儿？我爸带特产来看我，关你什么事？”

关渔失落地低下头。刘达明拍拍他的肩膀安慰他，“我会替你照顾好爸爸的。”见关渔低头不语，又说，“放心，我会帮你吃特产！”

关渔无奈挤出一个笑容，“你真是讲义气，够朋友！”

关渔爸爸慈爱地看着刘达明，刘达明开心地吃着湘黄鸡和臭豆腐。“臭豆腐的香是天下一绝，哈妮，要不尝口试试？”

刘达明回过头来对着誓死要跟来，坐在一旁的关渔眨眼，故意说：“‘达明’，他们是门外汉，你来尝尝味道吧？”关渔迫不及待地奔过来。

“关渔，你的手怎么受伤了？”关渔爸爸追问刘达明。哈军忙说：“叔叔，您放心，哈妮帮他敷了最好的药，很快就好。”

关渔和刘达明对望一眼。刘达明急忙地岔开话题，“爸爸，我在兼职给‘刘达明’当助手。”

关渔忙说：“对呀，‘关渔’非常能干，又能拉面，歌唱得又好，您真有福气！”

两个人的脚在桌子下互相踢着。

关渔爸爸毫无察觉地说：“托您的福，现在因为关渔，在长沙，街坊邻居帮我取了响亮的外号，不瞒各位，这名号可小有名气了——他们叫我‘泔水爸’！”

众人一阵哄笑。

突然，关渔爸爸拿出了三万块钱，递给哈总，“兰轩儿前几天把十五万块钱打给我了。听说她找到了爸爸，爸爸的经济条件好。所以这一次，我专程把哈总的钱也带来了。”

哈军见到了钱，喜笑颜开，刚要客气一番，关渔爸爸又问道：“对了，兰轩儿呢？怎么没来？”

Chapter 11

没有理由的理由

相比于男人，两个女人之间有了敌意，是没有什么力量能让其成为朋友的。为此去做努力，无疑是件蠢事，只能白白浪费大把的人力、物力。

女人之间的敌意总是莫名其妙，而且，一旦认定，绝对死不回头。所以，请尽量不要做出瓜田李下的事情。不然，你也许会突然发现，不知道为什么，鬼子来了，而且把你坑得头破血流。

一

❤

闫刚心不在焉地带着兰轩儿去赴阎刚的约。他感觉到自己似乎要失去这个越来越疼爱的女儿了。他紧走几步，压抑下内心的矛盾，叮嘱兰轩儿，“轩儿，待会儿见到人别叫阎董，叫阎爸，懂吗？”

兰轩儿一脸狐疑。闫刚忙解释道：“他是爸爸的好朋友，就像我私底下管他也不叫阎董，叫他阎老二。”

阎刚见到兰轩儿，抑制着心头的激动，殷勤地站起来说：“轩儿，你们坐，你们坐！服务员上菜。”

兰轩儿端起一杯酒，“阎爸，我敬您一杯，感谢您升我爸爸当副总，还送了我们一套房。”

“轩儿，别客气，我跟你爸是二十几年的朋友，你就像是我的女儿一样，以后不管发生什么事，都可以找我。”阎刚定定地看着兰轩儿。兰轩儿亲密地搂着闫刚的手臂，“唉，爸爸，要是妈妈在世，看到今天我们过得这么好，一定很高兴。”

闫刚尴尬地看着阎刚。兰轩儿的话触动了阎刚隐藏多年的心思，他忍不住说：“轩儿，我跟你爸爸，还有你妈兰雨荷，都是好朋友。你妈这么年轻，什么时候走的，我们都不知道。你外婆还在重庆吗？”

“是的，我听我外婆说，我妈妈是个很坚强又命苦的女人，为了生下我才独自搬到成都。”阎刚心头一震。闫刚无奈地看着女儿，不知从何说起。

“爸爸，还好你有良心，固定寄钱给外婆转给妈妈。你知道吗，妈妈是我心目中最好的妈妈，为了不让人瞧不起我，她在工厂上班，省吃俭用把最好的东西都给我。爸爸，你今天发达了，但是可怜的妈妈，却没享到一天福。一想到过去，我就替妈妈难过。”

阎刚双手紧紧地握住拳头。闫刚见状忙说：“阎老二，过去是我不对，现在我在补偿。我的女儿就是你的女儿，以后不要见外，等明天我搬好新家，常来家里坐坐，咱们可以烧个好菜聚聚喝杯酒。”

阎刚说：“会的，我一定会的。”

阎刚从怀里拿出了礼物交给兰轩儿，“这是阎爸送你的礼物，算是见面礼。”耀眼夺目的钻戒闪闪发光，兰轩儿情不自禁地上前拥抱着阎刚，“谢阎爸！”阎刚抱着兰轩儿，偷偷地擦了一下眼泪。

闫刚有些吃醋地看着他们：养女儿有什么用。阎爸送你钻戒，就阎爸长，阎爸短。我看，干脆把你送给阎爸当女儿算了，我就死了这条心。

趁着兰轩儿去厕所的时候，阎刚再也忍不住眼泪，“听亲生女儿说起以前的事，我的心里很难过。我真的是太对不起兰雨荷了。我要好好地弥补轩儿，否则愧对死去的雨荷。”

“阎老二，如果咱们女儿就是喜欢刘达明了，你会怎么处理？”

阎刚被说到了心上，“说真的，我今天不敢提这件事，我怕轩儿会误会我是替玉环来劝她退出的。”

闫刚摇摇头，“轩儿的脾气非常倔犟，爱恨分明，一旦她有这种错觉，那么对你们父女的情感没有好处。或许，这个思想工作由我来做比较适合。”

刘达明演唱会即将开幕，关渔约刘达明去看场地。歌友会现场空旷无人，刘达明和关渔走向舞台。刘达明将录音机放在舞台上，翻身跳上舞台，他站在舞台中央，双手张开，闭上眼，冥想着台下观众疯狂的呼喊尖叫声。

深呼吸了一口，刘达明有些不好意思地告诉关渔：“我感觉到只要站在舞台上，我的生命就在延续。”

关渔低落地摇头，“现在失去了舞台，你怎么办？”

“放心，我会重新站在舞台上。”刘达明双目放出异彩。车祸前，他的发展遇到了瓶颈，始终找不到突破点，导致他心情不好，脾气变坏，甚至开始厌倦喜欢的舞台。

阴错阳差，刘达明从大明星变成了无名小子，他当然是心有不甘，但他已经想通了，要重新去体验、去回味从无名小子变成超级巨星的历程。他相信自己一定可以。事实上，刘达明已经决定去参加《快乐男声》，目标是拿到冠军，重新进军歌坛！

对刘达明的想法，关渔释然一笑，“你最好能把现在的刘达明干掉，取代他在歌坛的地位。”

“你在说什么呢？虽然我已经变成关渔，但‘刘达明’三个字，我对它感情很深。我绝不容许你轻易地把它毁了，明白吗？”

会场内，工作人员紧张地忙碌着。舞台上灯光亮起，关渔穿着前卫地站在舞台中央，双手缓缓地张开。他闭上眼睛，一动也不动。直到观众的呼喊声逐渐平息，耳际响起刘达明的声音——别去管那些噪音，慢慢地让自己的心平静。

音乐响起，关渔变换造型，又动也不动，音乐的前奏逐渐加强，到最高点，关渔突然节奏明快地跳舞，边唱边跳。全体观众的情绪被带起了，所有人都大声地尖叫。

杨国忠从一旁走进观众席，看着台上频频点头。

阎董和闫刚津津有味地看着，火暴的歌声和舞蹈燃烧着整个舞台，手捧着大把红色玫瑰花的兰轩儿，站在舞台一侧。阿牛控制着音响，刘达明注视着监控荧幕，边跳边唱，动作竟然跟关渔一模一样，刘达明挥手示意阿牛，阿牛切换录音台上的机器。关渔耳际响起了刘达明的声音，“歌快结束，注意动作，要收得快，停得久。”

关渔一个转身，用力地收手，送出飞吻。音乐停下，全场观众热烈地鼓掌，哈妮开心地舞着粉丝牌。关渔向观众席鞠躬，观众尖叫声四起。

主持人大声宣布：“欢迎举办这次歌友会的熊牌啤酒公司的代表献花。”聚光灯转向舞台一侧，兰轩儿手捧着玫瑰花走向舞台中央的关渔，将玫瑰花交给关渔。关渔突然趴在兰轩儿耳边说：“轩儿，我爱你！”

坐在观众席的阎玉环愤怒地拍着椅子，转身对阎刚说：“爸爸，请你把订婚延后，我看不下去了。”

阎刚和闫刚错愕地对望，这下麻烦大了。

二

❤

兰轩儿没有出席公司的庆功宴，她觉得自己又惹上了麻烦。她可以不在乎记者，可是刘达明表白的刹那，她发现自己内心里有一种想要答应的冲动，这让她反问自己：你到底怎么了，难道就这么放弃了关渔？

闫刚找到兰轩儿，想带着她回家安静一下。阎刚却等候在场外，见到两人，称赞兰轩儿上台献花的时候落落大方。他坚持要开车送闫刚和兰轩儿回家。到家后，阎刚把闫刚拉了出去，想要商量如何解决眼下这个棘手的问题。

闫刚再回来的时候，彻底醉了，“阎老二，走，到我家坐坐。”

兰轩儿乖巧地端上两杯热茶。醉意甚浓的闫刚开心地说：“闺女，你知不知道，阎董推辞了庆功宴，却跟咱们去吃消夜，容易吗？”

“我不是举办方，也不是工作人员，跟他们去吃庆功宴，名不正言不顺，怪怪的，我不喜欢。玉环去就行了。”

兰轩神情有些不自然，“阎爸，您是我爸爸的老朋友。我今天献花的事，让阎小姐不愉快了，请您见谅。”

阎刚叹了口气，“我知道，她看到你上台献花，气得掉头就要走，我去劝她，她还发了顿脾气，要取消跟达明的订婚。”

兰轩儿有些惶恐，“阎爸，对不起，我不是故意跟阎小姐争献花，是公司……”

闫刚突然插话，“都怪那刘达明，太风流。阎老二，你上辈子一定做了什么对不起刘达明的事，要不然怎么会你的两个女儿都同时喜欢上刘达明。”

兰轩儿一惊，猛然抓住闫刚，“爸爸，你刚才说什么，两个女儿？”

兰轩儿看着阎刚和慌乱的父亲，深深地吸气，“爸爸，我不是你的女儿，对吗？”

闫刚的脸抽搐着，“女儿，你怎么会对爸爸说这种话，你不爱爸爸了吗？”

兰轩儿转头看着阎刚，“告诉我，我妈临死前，要我去找的那个在SOHA工作的爸爸，其实是您，对吗？当年我妈爱上的人是您，对吗？”

阎刚看着泪流满面的女儿，心里异常矛盾。闫刚抬起头，“阎老二，你还不敢承认？你怕什么？”

“轩儿，爸爸错了，请你原谅我好吗？”

“我有什么资格能原谅你？你该祈求原谅的人是我妈，是我可怜的妈！”兰轩儿顿了顿，“放心，从今以后我不会再理刘达明，我不会跟我同父异母的姐姐去争抢同一个男人，我不会再让你为难了！”

兰轩儿边说边哭，转身跑进房间，砰的一声关上门。闫刚跟过去，“轩儿，血浓于水，再怎么说，他是你的亲生父亲。”

兰轩儿摇头，“我感到很悲哀，我的爸爸竟然就是电视剧中常看到的坏男人！你别替他辩解。怎么，他升你当副总，送你一套大房子，你就被他收买，全帮他说话了？你怎么这么没出息？”

“爸！”兰轩儿对被骂愣了、流下混浊泪水的闫刚轻轻喊了一声。闫刚紧紧地抱住兰轩儿。

三

❤

报纸头条上登载着昨天歌友会的照片，照片上有兰轩儿和阎玉环，标题上醒目地写着：“达明献唱新歌示爱，旧爱新欢齐聚一堂，谁才是他真正最爱？”阎玉环咬牙切齿地将报纸撕碎，用力一扔，飘飞满地。管家在一旁，惊讶地看着阎玉环。阎玉环大喊：“管家，刘达明他人呢？”

刘达明站在面馆里口中哼着歌，摇头晃脑准备开张。关渔从出租车内下来，三步并作两步，激动地上前抱住刘达明，久久不能平息。

刘达明看看左右没人，“喂，你这是干什么？”

“恩人！”关渔激动地喊着，“如果不是你，昨晚的歌友会，我绝对过不了关！告诉我，你是怎么做到的？这需要许多的配合，你一个人怎么完成的？”

刘达明得意地一笑，“没什么，你是外行，所以会觉得惊讶。我在舞台底下，安装了针孔摄影机，在后台可以监看到你演唱的画面，控制音响播出的是我以前的助理阿牛，他随时注意我的手势，切换你跟我的麦克风音量输出。”

“阿牛？”

“那首新歌，我从监控看画面，看到你唱不上去给的暗号，我立刻提示阿牛切换，换我来唱，你配合嘴型，就这么简单。过去演唱会时也会有些假唱，阿牛一直在做这种工作，他很熟练。”

“那阿牛知道你我的秘密吗？”

刘达明两手一摊，笑笑地说：“我反正归零，从头再来，有什么好担心的？再说，我给了他个愿景，将来带他进入歌坛，他会忠心耿耿的。”

“玉环提醒我跟她订婚的日子就快到了！”关渔忽然沉重地说出了实际的来意，“可是，我喜欢的人是兰轩儿，再说，玉环她是你的女朋友。”

“别把这事推给我，现在你是刘达明，你自己看着办。反正我已经决定去参加《快乐男声》，重入歌坛。”

啤酒公司门口，兰轩儿心事重重地走过来。关渔几步上前，“轩儿，我昨晚打了好几通电话，你怎么没接？”

兰轩儿冷淡地说：“报上说，你跟阎小姐就要订婚了，你不应该来找我。被记者拍到，又不知道会传出什么样的绯闻。再说我有男朋友，他叫关渔！抱歉，我要去上班了。”兰轩儿说完后转身匆匆地离开。

祝家庄刚挂断阎玉环的电话，阎玉环语气凶悍，让他帮忙切断兰轩儿跟刘达明的一切接触机会。

祝家庄在办公室来回踱步。兰轩儿走进办公室时，他马上满脸堆笑，“兰轩儿，你真是公司的福星，刘达明歌友会非常成功。有了你跟刘达明这层关系，对公司真的是无往不利。我相信刘达明歌友会的宣传效应，一定会让咱们公司的啤酒销量猛增！兰轩儿你年轻貌美、模特身材、气质独特，这些个人优势，你以后一定要多利用。”

“说这话什么意思？”兰轩儿听出了祝家庄语气里暗藏的讽刺。

“你跟刘达明洽谈，必要的时候可以牺牲一下色相，压压刘达明的价码，预订下一次的合作项目，保持这种暧昧关系。开房的钱，公司给你报销。”

兰轩儿忍无可忍，抬手打了祝家庄一巴掌，“我不干了，祝家庄你会后悔的！”

刘达明和兰轩儿并肩走在街上，他不明白，兰轩儿为什么会电话约自己出来。不断有路人回头，用好奇的目光看着兰轩儿。

刘达明调侃道：“你现在回头率很高呀？”

“我心情不好，别跟我开玩笑！”兰轩儿苦着脸。

“别放在心上，这种绯闻对观众来说，就像是生活中的调料，无关紧要，轻得很，风一吹就消失了。再过几天，谁还会提起这些事情，我经历多了太清楚了！”

兰轩儿一愣，“你说什么？你经历多了？”

一旁路过的大妈盯着兰轩儿看，“你是刘达明歌友会献花的兰轩儿吗？”刘达明举起拳头示威，“喂，你认错人啦，她是我的女朋友。”说完他从一旁眼镜摊子上拿了一副超大黑墨镜，扔了二十块钱，把眼镜递给兰轩儿，拉着她离去。

刘达明突然问：“第一次见面，在哪儿？”

兰轩儿带着刘达明来到喷水池旁，指着喷水池，“我们曾经在这里拥抱过，如果你跟哈妮没什么，那就过来抱住我，让我感觉一下，你跟我曾经拥有的美丽回忆。”

刘达明被她突如其来的要求惊呆了，情不自禁大喊一声。水池后一直在徘徊的关渔探出头来，看到这一幕，宛若雕塑一样愣在那里。

“你怎么会在这儿？”兰轩儿的内心忽然涌起一阵慌乱。

“这儿有我许多美丽的回忆。”关渔忽然走近，拉住兰轩儿的手，“我到处找你，打电话你不接，发短信你不回，你搬了新家，我四处都找不到你。我心里很难过，不知不觉就来到这儿——我们曾经有过美好回忆的地方。我心想，也许能见到你。”

关渔痛苦地看着轩儿以及刘达明，下定决心地说：“轩儿，坦白说，我不爱阎玉环。”

兰轩儿摇摇头，走到刘达明身旁，紧紧地抱住他，对关渔说：“达明，我们可以是朋友，但绝不可能成为男女朋友。关渔，我们走吧。”兰轩儿刻意地搂住刘达明的腰，头靠在他肩上。刘达明张着嘴，被兰轩儿拉走。

哈妮在面馆门口张望，远远地见到兰轩儿和刘达明牵着手走过来，难受地躲在门边。刘达明有些别扭地抽回手。兰轩儿生气地说：“你怎么了？你现在连跟我牵个手，都怕哈妮看到，是吗？”

“你今天是吃了炸药吗？什么都看不顺眼。”

“你不觉得自己都快变得麻木不仁了吗？刘达明当着你的面对我露骨地表白，对你来说好像没事似的？”

“其实，我觉得你可以尝试接受刘达明。他很喜欢你，又不爱阎玉环，那你何不……”

兰轩儿伸手打了刘达明一耳光。她泛着泪光，难过地看着刘达明，说：“关渔，你太让我伤心了！刚才那些话，我不敢相信那是从你口中说出来的，连你也这样对我。”

四

❤

闫刚从厨房里端着汤走出来，见兰轩儿失魂落魄地走进来，径自往楼上而去。他推门而入，“轩儿，到底出了什么事，这么伤心？是不是……跟达明的事有关？”兰轩儿难过地将头埋进被子里。

“轩儿，命运的安排有时很无奈，就像你爸和你妈，相爱的两人，一辈子无缘在一起，饱受折磨。如果你爱的是达明，我不希望你发生和你妈一样的悲剧——要么抛弃世俗的眼光，勇敢地去争取；要么痛痛快快地大哭一场，从此忘了。”

皮包内传来手机短信声响，短信上写着：“我记得你要离开上海前，曾经跟我说过，为什么相爱的人，总是不能在一起。这让你想起了你可怜的妈妈，我曾默默地想过，这一辈子，我一定不会让这种事发生，因为我爱你，就像你上台帮我献花，我迫不及待地告诉你同样的话，轩儿，我爱你！”

兰轩儿大吃一惊，刘达明怎么会说出关渔才知道的那些话来?

刘达明走进练唱室，从口袋掏出张纸条，“兰轩儿家的新地址，她告诉哈妮的。”

关渔穿戴整齐，戴着墨镜，站在兰轩儿家楼下，仰望楼上。做晨操的邻居经过，好奇地顺着关渔的视线往上看。

紧急的敲门声把兰轩儿从睡梦中惊醒。闫刚拉着兰轩儿朝楼下看去，关渔呆呆地看着他们，不知道站了多久，身后还有一排好奇的路人往上看。

兰轩儿换了衣服匆忙下楼，楼下的关渔被人们包围了。兰轩儿喃喃自语道：“傻瓜，还不快走?”

关渔一把抓住她，“我终于等到你了！不行，我心里有好多话，我必须向你说！”一大批围观的群众大声喊着：“给刘达明一个机会！”

兰轩儿摇摇头，含着眼泪，拉着关渔走到了别处，“也许你听完我的故事，会改变你的想法。我从老家来上海找我从未谋面的父亲，第一天的遭遇，我的命运产生巨大的改变，我被一个男人甩了，与此同时，我却意外邂逅了一个最好的朋友。但现在我已找不到这个朋友，因为他变了，变得我几乎不认得。庆幸的是，我虽然失去爱情，但却找到亲情，我的假爸爸，他对我很好。”

关渔意外地问：“什么假爸爸?”

“我的假爸爸酒后吐真言，说出我的身世。我亲生父亲是SOHA集团的董事长阎刚，也是阎玉环的爸爸。换句话说，我是阎玉环同父异母的妹妹。你就要跟阎玉环订婚，我如果不拒绝你，不就等于抢我姐姐的未婚夫吗? 告诉我，我能接受你吗?”

兰轩儿掉下眼泪，猛然转身离去，留下了关渔，像是木头人般地呆立，动也不动。

闫刚打电话把事情的经过告诉给了阎刚。阎刚听到刘达明又去找了兰轩儿，顿时心乱如麻，没了主意。对阎玉环，他是从小溺爱，几乎不反对女儿的任何要求。兰轩儿的突然出现，在感情上是比不上阎玉环的。但是对阎刚来说，他却又额外有一些对兰轩儿的亏欠。这个叱咤风云、面对各种问题从来都不会慌乱的人，此时只能期盼从闫刚这里得到一些帮助，“你觉得怎么办好？”

“那能怎么办，上次你跟我提过，我回来一想也对，我只能试探地跟她说，要不抛弃包袱，积极地争取幸福；要不就痛快地大哭一场，从此以后彻底地忘了刘达明。现在看起来，她是很难放弃了。”

阎刚叹了口气，揉揉太阳穴，脑仁一阵阵地发疼，“后天晚上，就是玉环跟达明订婚的日子，玉环打电话告诉我，已经通知各大媒体和电视台以及各大报的记者了。”

闫刚着急大吼道：“不管怎么样，阎老二，你不能偏心玉环！轩儿也算是你我的女儿，总不能让轩儿跟她妈一样，又是选择无奈地退出，这太不公平了！”

一句话揭开了阎刚内心的伤疤，他的手颤抖着，似乎随时都可能因此晕厥过去。放下电话，阎刚沉思了一会儿，吩咐手下找阎玉环过来。

阎玉环走进办公室，阎刚开口询问：“玉环，最近跟达明相处得如何？”

“很好呀，我都把您告诉我的话放在心上，再也没乱发脾气。”阎刚微愣，欲言又止地看着她。

“讨厌的是那个老是想上报闹绯闻的兰轩儿。达明只是图一时新鲜，我已经跟媒体宣布了十五日跟达明订婚，兰轩儿一定会知难而退。那个贱女人，怎么能跟我相提并论。”

阎刚眉头一皱，被阎玉环误认为是替她担心，连忙分辩说：“爸爸，你别担心。订婚后，兰轩儿的事就会烟消云散，再也起不了任何作用。”

五

❤

关渔蹲在兰轩儿家楼下虔诚地仰望蓝天。一大群粉丝站在草坪上议论纷纷，不断有人拍照，上传到自己的社交网站和微博上。媒体显示出了绝对的宇宙速度，不到半个小时，各路记者蜂拥而来，将兰轩儿家楼下围得水泄不通。

关渔咬咬牙，从身后拿出一个扩音器，对准了兰轩儿的窗，“兰轩儿！兰轩儿！我是刘达明，我要向一个我最喜欢的女孩表白！兰轩儿，我爱你！”

客厅内的兰轩儿和闫刚走向窗边，见关渔举起扩音器，喊得歇斯底里，围观的粉丝纷纷鼓掌。有人跟着关渔，一起喊了起来，为他助威。

“他怎么会做这么冲动的事。”兰轩儿不安地走上阳台。

摄影记者的镜头急忙从关渔转向兰轩儿，“请你不要再为难我了，好吗？回去吧！”

闫刚躲进卫生间，“阎老二，你别说话，快听！”

“轩儿，如果你拒绝我，我会一直站在这里等你！这里有许多我的歌迷，我希望他们能帮我见证，我刘达明喜欢兰轩儿。”

“我求你好吗？别再做傻事了，不可能的！阎玉环是我姐姐，我不可能接受你！我兰轩儿永远也做不到！”

粉丝哗然了，记者们像嗅到了血腥味道的鲨鱼，眼前都是一亮——大新闻啊，头条啊！

关渔不顾一切，扯着嗓子喊道：“我想了很久，为什么相爱的人，总是不能在一起！我不会，也不允许这种事情发生在你我身上，我绝不会让你重蹈你妈的悲剧！轩儿，我要跟你在一起，就算是要我退出歌坛我都愿意！”

在场的人一阵哗然。有对小情侣，女生满眼星星地看着关渔，“达明真是太痴情了。你对我能这样吗？”

不知谁带头喊了起来，“接受他！接受他！”

兰轩儿泪眼迷离，不过这次是幸福的。她感到了一种力量在心中慢慢萌生，不顾一切地转身走进客厅，冲出大门。

歌迷们主动分出一条路。兰轩儿跑向草坪，和关渔紧紧地拥抱。“吻她，吻她，刘达明，吻她！”

阎刚再也坐不住了，嘈杂的声音通过电话传到他耳朵里，让他心如刀割。他决定到现场去看看，虽然未必能解决问题，但他急需做些什么，让自己心安，“秘书，备车！”他拎起西装，匆匆地走出办公室。

兰轩儿家，闫刚倒了一杯水给坐在沙发上的关渔。关渔嗓子都在冒烟，一口气将水喝干。

兰轩儿没好气嗔怪他，“你是大明星无所谓，别把我搞得全世界都知道。好了，你这么一闹，明天各大媒体记者报纸杂志，肯定会添枝加叶地报道你跟我的绯闻。别人又不知道怎么在背后说我了！”

闫刚拍着大腿，“那些无孔不入的记者一定会找上你这‘绯闻女王’，我们家还会有安宁之日吗？”

兰轩儿白眼看着闫刚，“爸，你说什么呢？什么‘绯闻女王’？”

“没错，报纸杂志那些八卦，都这样称呼的。”关渔放下水杯，接着说，到了这个地步，他已经彻底地释然了。无论如何，他都要留住兰轩儿，去坦然面对这一切。

兰轩儿瞪着关渔，“你还说，都是你害的！”

门铃声急促地传来，闫刚从猫眼里向外看去，记者黑压压站成一片。闫刚头上冒了汗，“你们俩还是去二楼躲躲吧，我怕这些记者冲进来！”

兰轩儿拉着刘达明匆忙地走上楼，进了房间苦笑，“我真不懂，你是个家喻户晓的大明星，为什么跟关渔一样，能做出这么幼稚的事情？”

关渔被深深地打击了，脸皱得像吃了苦胆。

“我以后都不敢出门了。你在公开场合说得这么死，连什么退出歌坛这种话都出笼了。谁知道你的粉丝会怎么对待我。”兰轩儿看着他的糗样，嘴上责怪，内心却洋溢着丝丝的甜蜜。

关渔走上前去握着轩儿的手，深情地看着她，缓缓上前亲吻兰轩儿。闫刚推门而入，“达明，阎董来了，他有话跟你说！”

阎刚正襟危坐地看着关渔，“明天，你就要和玉环订婚了。你这么做考虑过玉环的感受吗？”

“很抱歉，是我冲动了。但我并不后悔，因为我喜欢的人是轩儿。”

“你还记得你答应过我，不会伤害玉环吗？你认为这件事不会伤到她的心吗？我很难想象，她开心地去为订婚筹备，你的经纪人杨国忠也大张旗鼓地通知了各大媒体和记者，他们会怎么看待你今天做的事？”

关渔哑口无言，可是仍然倔犟地对视着阎刚。阎刚站起身，虚弱地摆摆手，“轩儿告诉过你她的身世吗？轩儿和玉环都是我的女儿，站在一个做父亲的立场，你会建议我怎么做？年轻人，本来还有余地的事情，你给我搅了个一团糟。你给我们都出了个大难题！”

闫刚瞪了关渔一眼，嘴上却为他说话：“阎老二，再这么下去，会不可收拾。我建议先发制人，跟记者宣布，立刻取消他和阎玉环的订婚。”

阎刚颓然闭上眼睛，“唉，我在想，我怎么跟我女儿开口。”

默不做声的兰轩儿，眼里突然充满了冷漠，“你说的是哪个女儿？”

Chapter 12

爱不需要牌坊

穷爸爸，富爸爸，穷富并不是最要紧的。要紧的是，这个爸爸，是真的投入了爸爸的感情，还是只想做一个打酱油的浮云，变成坑爹的爹。

在感情上，男人的摇摆不定，不一定是不贞，只是一种发自内心的天性反应。男人很多时候能抵挡女人的家世和美貌，却抵挡不住女人不断的付出。

一

杨国忠忙得焦头烂额，心情无比糟糕。这就像别人捅了马蜂窝，自己反被狠狠地围着猛叮一样难受。他内心里咒骂着刘达明，这个小子毁了他杨国忠辛苦维持的局面。

记者在难以见到刘达明的情况下，转而将杨国忠当成了打开“缺口”的堤坝。

刘达明宣布要退出歌坛的事像一个炸弹丢了出来，他的家被围得水泄不通。杨国忠把手机扔了出去，叮嘱管家等人，“说我不在，谁找都说我不在！说我出车祸，死了！”

阎玉环气势汹汹地一脚踹开大门走进来，“杨国忠，你不是许诺帮我看着达明吗？我们的婚事，记者发布会都是你安排的！现在竟然闹出这样的事情？”

杨国忠也愤怒了，一反常态地说：“你问我？我问谁！他的手机关机！我接记者电话，接到手软！我怎么知道他会突然玩起罗密欧与朱丽叶这一套。我欠你们的啊？我是你们父母？我有这个义务吗？”

阎玉环愤怒地将茶几上的杯具掀到地上，“你嚷什么嚷，现在我怎么办！我还有脸去订婚吗？谁知道那些记者会给我出什么难题！气死我了，那个兰轩儿真是神经病，竟然说我是她姐姐！”

关渔施施然地从楼上走下来，仿佛这些事情都和他无关一样，轻描淡写地说：“请不要侮辱我的爱人，你可以回去问你的爸爸，她的确是你的妹妹！”

“呸！她也配！”阎玉环怒气冲冲地跑上楼去大吵大闹，“刘达明，为什么三番两次给我难堪?！”她遏制不住自己的愤怒，用尽全身力气给了关渔一个耳光，“你跟她的事全都上了电视台娱乐报道！你知道这样做，对我的伤害有多大吗？”

关渔自觉理亏，低头不语。

阎玉环眼眶一红，这个素来骄横的大小姐楚楚可怜地依靠在墙上，不让自己晕倒，“你故意拖延婚事我忍了，你对我熟视无睹我也认了，甚至你故意疏远我，我都假装不知道。现在，你的目的达到了是吗？我对你这么好，结果换来的是你用残酷的方式来羞辱我。你太狠心了，刘达明，我恨你！”

阎玉环踩着油门一路狂飙回到家，阎刚早已坐在沙发上等着她。他首次在女儿面前显现出局促不安的样子，“玉环。”

“明天的订婚，我已经跟达明的经纪人说好取消了，我根本没脸去见亲朋好友还有那些媒体记者！都是那个兰轩儿搞的鬼，一再地破坏我和达明的感情！”阎玉环冰冷地对父亲说，“你满意了？你为什么要偏袒外人，爸，你告诉我，那个兰轩儿是不是我的妹妹？”

阎刚点点头，“没错，她是你同父异母的妹妹！在你还不满周岁时，爸爸被调到重庆去包工程，认识一个女孩叫兰雨荷……”

阎玉环歇斯底里地吼道：“你不要再说了，我也不想听！兰轩儿只不过是你在外面的杂种，她不姓阎，她是个不要脸的女人，她没有资格当我的妹妹！”

阎刚沉痛地坐在楼下，他知道自己必须作一个决定，而这个决定，虽然会暂时伤害到阎玉环，但如果不作，可能会永远地伤害自己另一个女儿——兰轩儿。阎刚拿起电话，打给了李少文。

第二天一早，兰轩儿的身世满城皆知。阎刚推开阎玉环的房门，“玉环，我已经让人打电话通知所有的亲朋好友取消订婚，记者招待会你一起出席吗？”

阎玉环把报纸摔在阎刚面前，头条写着“刘达明向绯闻女主角兰轩儿真情告白，姐妹阋墙，同争大明星男友”。

“爸，我还有脸去面对记者吗？你太过分了，达明闹出这种事，你去兰轩儿家，不但没有指责她，还公然在记者面前坦承兰轩儿是你的女儿！你的用意何在？”

“达明做的事都木已成舟，成为事实，谩骂指责，都无法改变。我只是针对这个事实坦诚告诉记者，如此而已。”

“爸，你老实说，兰轩儿和刘达明的事，你是不是早就默许他们这样做?爸爸！你太偏心了，我永远不会认这个妹妹！兰轩儿跟她妈一样，永远都是当小三的命！她妈当年破坏别人家庭当了你的小三，而现在兰轩儿又故意破坏我跟达明的感情！这种贱女人跟她妈一个货色，只配当小三……”

阎刚看着眼前发疯一样的女儿，抬起手，颤颤巍巍地打了阎玉环一个耳光，“我不许你这样说她们母女！再怎么说，她都是你的妹妹！当年，都是我一个人造成的错，跟她们无关！”

阎玉环两颗豆大的眼泪，无声地落下，声音越来越低，“妹妹，我就这么多了个妹妹。我得作好心理准备，不知何时又会多出个弟弟！”

阎刚慢慢退了出去，替阎玉环关上了房门。他叹了口气，知道女儿需要时间来接纳这一切。现在他能做的，就是去记者招待会，把一切都压制在可控制的范围内。

随着阎刚的出现，七嘴八舌讨论着这事情的记者们立刻鸦雀无声。

阎刚欠了欠身，郑重地说道：“各位媒体记者朋友们，大家好，本人是SOHA集团的董事长阎刚。小女阎玉环和刘达明先生，原本计划于今晚六点在凯悦酒店举行订婚仪式。但是，因为达明不理智的举动，影响到他们双方的情绪。为了郑重其事，我和刘达明协商后，决定取消他们今晚的订婚，婚期延后！”

他的开场白，记者们心中早有判断，马上就有记者发问：“请问阎董，您刚才持保留态度说婚期延后，那是否意味着如果他们两人误会理清后，还会择期举办订婚仪式？”

阎董微笑一下，“男女之间的情感是很微妙的，有时擦枪走火的小冲突，那是难免的。”

另一个记者站了起来，“请问董事长，您对他们之间绯闻的第三者兰轩儿，您是怎么……”

坐在阎董一旁的闫刚忍不住不悦地说：“对不起，这位记者朋友，请注意你的用词，兰轩儿不是‘第三者’。”

记者又问：“抱歉，您是？”

“我也叫闫刚。不过，我是三横闫。”闫刚继续说，“我是兰轩儿的干爸爸。轩儿，目前和我住在一起！昨天的情况你们在电视报道中看得很清楚，全程都是刘达明主动表白，所以，我女儿兰轩儿不是搞破坏的第三者。你用这句措辞很不友善，况且，兰轩儿是阎董的亲女儿。”

“阎董，您的两个女儿，无巧不成书地都喜欢上刘达明，您会用什么态度来面对？”

闫刚主动揽过了所有的问题，不忍心让朋友尴尬。毕竟有些话，他说出来，会让阎玉环没有那么难以接受，“对阎董来说，手心手背都是肉，不希望任何一方受到伤害。刘达明的选择决定结果，我相信如果这件事发生在你们身上，一定也对阎董的困扰感同身受，期待能有圆满的结果。所以，在这段考验他们三人的时间里，我和阎董都恳求各位媒体记者朋友们，希望你们不要用火上加油看热闹的心情来对待这件事的发展。因为，稍有不慎，添枝加叶，都会对她们姐妹的情感，造成严重的伤害。”

阎董深锁的眉头有了笑容，在下面拍了拍闫刚的手。记者招待会结束后，在阎刚的示意下，有助手给每个记者发放红包。阎刚如释重负，感慨地对闫刚说：“没想到你口才这么好，不但化解了我心中的忧虑，更让那些记者们明白这件事可能会带来的伤害。”

闫刚笑笑道：“我可是为了女儿，能得到阎老二你公平的对待。希望他们年轻人有个圆满的结果！”

两个慈爱的父亲对视一眼，会意地笑了。

哈氏面馆，一群人八卦地看着电视。刘达明的绯闻闹剧一出接着一出。哈妮、哈军目瞪口呆地看着。主播用夸张的语气说着：“据悉刘达明要退出歌坛……”

刘达明从厨房走出来，哈妮立刻关掉电视，怕兰轩儿在这件事中给他带来情绪波动。正在观看的客人着急地叫：“喂！别关啊！正精彩呢！”

哈军不耐烦地抢过遥控器，重新打开。电视上，兰轩儿和关渔拥抱在一起。哈妮立刻拖着刘达明走出面馆。

“喂！哈妮，你干什么！”刘达明莫名其妙。

“别看了，不是说了吗，怕你看了难受。”

“我为什么要难受。”

“你这是嘴硬！你要是真难受就说出来，别憋在心里。谁看了自己的女友那样，都会难受的。”

刘达明笑笑地耸耸肩，“你看，我这样子像是很难受吗？”

“你这是强颜欢笑吧？”哈妮摸了摸刘达明的额头，他还是没什么反应，“你麻木不仁呀你！无情无义，不理你了！”哈妮哼了一声转身离去。

刘达明一副无奈的表情，这才叫莫名其妙。

二

杨国忠应付完记者招待会，看到在阎刚的财力干预下，风波没有自己想的那么大，再次盘算起演唱会的事情来。他想对外宣布，这一切不过是为了刘达明演唱会的炒作。

当然，想要事情平息，杨国忠得先安抚住定时炸弹——阎玉环。

阎玉环肿着眼睛。经过考虑，她还是不想放弃刘达明，她不甘心自己莫名其妙地失败。至少她认为，就算兰轩儿坐实是自己的妹妹，自己也不应该就这么输给她。“我爸爸在商界的朋友这么多，加上达明在歌坛的地位，目前是所有媒体追逐的对象。只有开记者会，宣布是炒作，才能把事情扭转过来，为我正名。”

“当然，我今天就在记者会上四两拨千斤，把记者们好奇的问题，推得一干二净。过几天，就不会有人再提起了。”杨国忠扬扬得意，继而转入正题，“阎小姐，以达明的个性，他是不会管这些的，他太随兴了，一个巴掌拍不响，我建议你尝试用我的方法去挽回他。”

“什么方式？”

“以柔克刚！”

“我对达明还不够温柔吗？”

“不，我说的对象是兰轩儿！她现在可不是一般街头闹绯闻的小女孩，而是你亲妹妹！这种事，生气是没用的，阎小姐。”杨国忠狡黠一笑，“你是她的姐姐，你跟达明的相识比她早。她跟达明是因为去啤酒公司的公关接洽才认识，感情基础薄弱。你只要扮演好悲情弱者的低姿态，来向她求情，依我对那女孩的了解，她吃软不吃硬。如果你能让她感到内疚，主动地避开达明，这样一来，达明就没戏唱了。”

关渔和兰轩儿的事情闹得沸沸扬扬后，杨国忠启动了危机管理模式，不让关渔出席任何公众活动和记者招待会，更不许他去见兰轩儿。关渔看一群人为自己忙碌，也觉得当时的自己是有些过于冲动了。

百无聊赖的关渔不甘心就此被严防死守，偷偷约出赵洪波去小公园商量对策。起码约个男人，还不会让杨国忠等人抓狂。

赵洪波哈哈大笑，“老同学，你把事闹得还挺大的，更红了啊。不过，你也太幼稚了！”

“喂，帮帮忙，浪漫的真情告白，被你说成幼稚。”

“别人无所谓，问题是，你是天王巨星刘达明，拿着扩音器做这种事，你以为你是收废品的啊？再说，你隔天就要和阎小姐订婚，那不是自找麻烦吗？”

关渔点点头，“阎玉环的爸爸召开记者会，将我跟他女儿的订婚取消了！”

“这不正如你意了？这样你就有机会跟兰轩儿在一起了。”赵洪波调笑他说，“那你还愁什么？”

“我现在想想，有些对不起阎玉环。”

“有机会，你应该安抚她。”赵洪波正色建议说。

“阎董也这么说。哎，洪波，以后有机会，你可以当我的经纪人。你是学金融管理的，头脑清楚，思维敏捷，加上又有点抠门，真的很适合当我的经纪人。”

“我很抠门？”赵洪波翻翻白眼，不过经纪人这个“职位”真的让他心动。

关渔站起来，“我发现刘达明的经纪人，擅自挪用他的钱去投资股票。你帮我查查，如果太过分，我真的会把他换了！走，请你去关渔打工的面馆吃饭！”

“有钱就请那种地方？”赵洪波不满地嚷嚷着，“你典型向资本家转变了啊！”

“不，我有个计划，想把面馆的经营方式改变，投资开分店！严格来说，是我对那家面馆有感情，毕竟，我曾经在那里成长。而目前刘达明正在那家面馆做事，也许他会同意我的计划。”

热腾腾的面端上桌，刘达明自觉地从厨房走出来，关上门，挂上今日休息的牌子。赵洪波说：“打工皇帝泔水哥，怎么把门关起来了？”

“开玩笑，天王巨星刘达明来了，那当然是本店的荣幸！再说，刘先生这两天绯闻不断，万一有哪个狗仔队来添麻烦不是讨厌吗？”

“哈总你当CEO的理想就快实现了！”关渔吃了口面，“这么好吃的面，怎么能默默无闻！我想从你这家旗舰店着手，打下口碑，加大宣传，然后在重点区一家家开分店，接着开放连锁加盟，拓展到全上海、全中国、全亚洲去。最后，在美国纳斯达克上市，将面馆推向全球，拳打肯德基，脚踢麦当劳，让五星红旗插遍世界每一个面馆！”

“咦，您这话听着这么耳熟？”哈军纳闷地问，“好像是我曾经跟关渔说过。不管了，我去弄几个小菜，咱们好好聊聊这个宏伟的计划！”

赵洪波瞪了关渔一眼，这家伙太不小心了，迟早穿帮。

三

❤

关渔在哈氏面馆逗留了一个下午，回到家发现杨国忠正得意扬扬地看着报纸。报纸的标题处写着“达明的经纪人宣称，演唱会前借机炒作”。

关渔一脸疑惑地看着杨国忠。杨国忠道：“你别瞪我，记者问我，我当然是暧昧地不否认，顺水推舟地把这件事给淡化，你看看这份报纸。”

杨国忠把另外一份报纸递给关渔，上面的标题写的是“刘达明真情告白，阎董果断取消订婚——爱上姐妹花，花开花落在谁家”。

管家走了进来说祝家庄来了。熊牌啤酒公司筹划上市，想办酒会壮大声势，酒会上邀请刘达明唱两首歌。

“两首歌。”杨国忠爽快地答应了，“没问题。”

他想，这场演出是平息风波的好机会。

“没问题？那你去唱。”关渔站起身来，“不是说过吗，有关演出接洽，我只跟一个人谈。”说完上了楼。

祝家庄一脸便秘样地看着转达消息的杨国忠，“有点小问题。”

他的支支吾吾让杨国忠脸色变了，“你又把她辞退了？”祝家庄趴在杨国忠耳边说：“阎玉环小姐授意的！她老爸正想并购我们公司，我怎么敢得罪。”

“那现在，只有去请兰轩儿出面，”杨国忠摊开两手，“否则我也没有办法。”

四

❤

阎玉环不请自来，让闫刚非常紧张。他唯恐阎玉环的大小姐脾气，再闹出事情来。兰轩儿惊讶地站在楼梯口，不明白阎玉环的来意到底是什么。她犹豫着：如果她说刘达明的事情，我能接受把达明还给她吗?

“兰小姐，不，我应该改口叫你妹妹了，你方便吗？我们找个地方聊聊。”阎玉环的态度没有想象中暴躁，这让兰轩儿有些奇怪。她点了点头。

两人并肩地走在公园的人行道上。兰轩儿突然主动打破沉默，“很抱歉，达明突然的举动，让我惊讶，措手不及，不知道该怎么办。我看了报纸，阎董取消了你跟达明的订婚。”

阎玉环用尽量温顺的眼光盯着她，“爸爸告诉我，我才知道，原来我在世上还有个同父异母的亲妹妹，轩儿，我可以这样叫你吗？”

阎玉环巧妙地没有提起那个能引起她们矛盾的话题。而是从替阎刚考虑的角度，将自己说成了一个担心父亲因此难受，甚至受到伤害的人。这让兰轩儿感到，以前对阎玉环的了解似乎有些片面，这个刁蛮小姐的内心里也有柔软的一面。

阎玉环满脸忧虑，“会闹出这种事，原因不在你，而是在达明。男人喜新厌旧也是正常的，我希望你能协助我，跟他保持距离，最好避着他，行吗？毕竟，你不是外人，而是我的亲妹妹，免得他再一头热找你，再闹出个什么花边新闻上报。如果你真爱他，那么给我一点时间，我会离开。我觉得，姐妹比一个男人重要。”

兰轩儿失魂落魄地回到家，如果像她所设想的，阎玉环找到自己一阵大闹，那她绝对不会妥协。可是阎玉环的形象在她心目中的扭转，让兰轩儿觉得，自己的确是有些过分——是自己没有坚守自己内心的选择，就这么被刘达明征服了，而阎玉环在这件事情上格外无辜。况且，还要考虑到阎刚的感受。

闫刚迎上来，一副要发作、怒气冲冲的样子，“那个大小姐为难你了？”兰轩儿摇摇头。一个人坐在露台上，她拿起手机，编写短信又犹豫着把短信删除掉。她的内心里，激烈地掀起了飓风，最终，她好像瞬间释然地想：让一切都过去吧。我和刘达明，本来就是个误会。

闫刚坐在一旁，以为兰轩儿受到了恐吓和委屈，却不想让自己担心，耐心地规劝说：“达明订婚取消的事，阎玉环肯定会怪罪你。她其实也蛮可怜，达明在订婚前一天做出这种出格的事，换成任何一个人，都会受不了！更何况她是个家世显赫的大小姐。”

兰轩儿脱口而出道：“不，我没说我爱刘达明。而且，我已经答应了姐姐，不见刘达明了。”

闫刚吃惊地说：“你这不是要退出吗？你怎么这么轻易作出了决定？”

祝家庄一脸谄媚地找上门来，还没来得及开口，闫刚一把按住了他，怒气冲冲地喝问：“你这个浑球，三番五次折磨我女儿，今天还敢上门？”

没等兰轩儿回答，闫刚打开门，一把把他推搡了出去。祝家庄不屈不挠地冲过来，想要再作解释。闫刚已经用力地把门关上。祝家庄被门撞得痛叫一声，捂着鼻子，泪血齐下。

祝家庄强忍着疼痛，心想如果请不回兰轩儿，熊牌啤酒就无法继续跟刘达明合作，自己的前途也就走到了终点。他咧开嘴，对着空气做了几个假想的微笑，找出自以为最打动人的那个，心里滴着血告诫自己，要忍，一定要忍，人至贱才能无敌。

祝家庄再次按响了门铃。门开后，他扑通一声跪了下来，“我错了，我真的错了。我就是个‘井’字，横竖都是‘二’！兰轩儿，原谅我，回公司吧，我保证，之前没给的奖金和提成立马到账。”

伴随着他卖力的哭喊，公鸭般嘶哑的声音倒也有几分悲痛。闫刚看着他，忽然笑了，“工资和提成当然要给，你也说了，那是我女儿劳动应得的。但你们几次辞退我女儿，她心理和自尊都受到伤害，必须得到精神赔偿！这样吧，奖金和提成在原有基础上提高一倍，不然免谈！”

兰轩儿吃惊地看着闫刚，她早就看透了祝家庄，根本没有想回去的打算。闫刚做了个手势，让她不要说话，静静地看着祝家庄的反应。

“好吧。希望公司的补偿能安慰兰小姐的美丽心灵。”祝家庄计算了下，决定私人拿出这部分损失。闫刚满意地点点头，又开口道：“另外我也不为难你，加薪就得升职，随便升个一两级也就算了。”

“别的还好说，升职……兰小姐已经是大经理了，再升，就只能我辞职，由她来坐我的位置。您给条活路吧！”祝家庄这次是真的哭了，他发现面前这个老头儿比自己还要无耻。

“爸，算了，这事就这样吧。”兰轩儿此时挣扎在感情的旋涡里，懒得计较太多。

“谢谢，谢谢，兰小姐！”祝家庄像抓住了救命稻草一般，“能不能请您尽快和刘达明见面，公司在刘达明演唱会之前，要举办个酒会，请他务必出席！”祝家庄为难地道出实情，“我派去的人都被他们家的狗给咬了，刘达明还说，除了兰轩儿，就算是熊亲自来谈，他也不谈！”

兰轩儿听到刘达明的名字，内心不禁一颤，默默地上了楼。

五

面馆分店的事被关渔认真地提上了日程，哈军和哈妮随着刘达明应邀到别墅做客商洽。

关渔向家里的厨师和司机们，隆重地介绍哈军和哈妮，“各位，我今天很荣幸地请到了哈氏集团未来的CEO——哈军，哈总，请他亲自教导示范他的独门绝活拉面。我已经决定跟哈总以及关渔，三人合作开创一个中国面馆的新格局、新视野。”

哈军热泪盈眶地一鞠躬，“谢谢各位，人家说，好人不寂寞。我认为好面，好吃的面，更不能躲在角落哭泣，肯定不会寂寞的！凭借刘达明的知名度，我相信我们一定能将这种好吃的面，推广到每个爱面的角落，让它发扬光大！”

众人目瞪口呆地看着哈军表演和面和拉面。哈军一时兴起，拿起揉好的面，起身在厨房空地表演了有如天女散花的花式拉面。关渔一时技痒当场卷起袖子，也加入到了哈军的表演中。

前来谈合约的兰轩儿，随着管家进来，被眼前的一幕惊呆了。客厅里阳光透射，烟雾弥漫，关渔身上脸上都是面粉，却酣畅淋漓地在揉面拉面。她转眼看到了哈军等人，有些意外。

兰轩儿微笑着点头，“公司上市要举办酒会，想请你到现场演唱。”关渔拍拍手上的面，看了一眼刘达明，两个人默契地微微点点头，“当然没问题。”

话题回到哈氏面馆上，哈军侃侃而谈，介绍一碗拉面中丰富的学问。兰轩儿低声询问关渔，这是要做什么。听到了关渔关于哈氏连锁店的打算，兰轩儿有些震惊。刘达明是一直生活在高处的明星，什么时候对拉面这么感兴趣了？而且，刚才他的动作丝毫不生涩，甚为熟练。

“我觉得，商业包装肯定不能少！”刘达明说出了自己的观点。

哈军胸有成竹地站起来，咳嗽了两声，“这没问题，我们现在握有两张王牌，对产品的宣传大有帮助——刘达明是歌坛大明星，肯定是面馆的代言人兼投资老板；另外一张是面馆的秘密武器，也就是打工皇帝泔水哥。这是网络上的红人，是社会上最底层那群人的形象代表。如果说，刘达明当代言人，会觉得太高端，对面馆的定位不恰当，那么，我建议由刘达明和最基层的泔水哥结合，将我们的面馆定位成人人皆可接受的！”

“哈总，以前老听你吹牛，这次是我认识你这么久以来，你说的最具前瞻性的发言。太好了！”关渔搂着刘达明，“面馆的代言人照片，就是我跟关渔的合照。”

兰轩儿鼓掌，“不错，非常有创意！你俩的组合，肯定能够打动到每个阶层！”

“我突然又有个想法，”得到赞扬的哈军，满脸兴奋，面色红晕，“关渔的歌的确唱得不错，唱片界有个芍药姐妹唱片公司，你们俩也可以在歌唱上搭档搞个组合，我觉得‘哈氏兄弟’的名称蛮响亮，两位意下如何？”

关渔忙说：“可以考虑，一起共同出张唱片。”

哈军兴奋地猛力拍着刘达明的肩，“哈哈哈，关渔，恭喜你，有刘达明力挺，你要不红都很难！喂——这是我跟达明建议的，以后，我当你的经纪人！”

杨国忠和阎玉环走进客厅，见到众人一阵惊讶，“这么多客人，达明，你们在聊什么？”

关渔顿时兴趣寥寥，说了之前的话题。杨国忠不屑地摇摇头，“达明，你疯了，你要跟这群人去卖什么牛肉面？”

哈军面色不善地盯着杨国忠，似乎有上去将他抻直了扔进滚水里的冲动。阎玉环看到兰轩儿犹如眼中刺，但是一想起杨国忠的话，马上换上柔和的眼神，对兰轩儿热络地一笑，打起了圆场。杨国忠阴沉着脸，用一种你吃了进口疯牛肉的目光瞪了瞪阎玉环。

午饭后，管家指挥着用人送咖啡和茶点，哈军犹如刘姥姥逛大观园，四处观看，谋划着哈氏集团的事业做大后，自己要不要建造一处更大的别墅。杨国忠换上了一副笑脸，把兰轩儿拉到了遮阳伞下，“兰小姐，我就知道，你一出马，达明肯定会参加酒会。”

阎玉环有些惊讶地看着兰轩儿，“妹妹，你怎么又回那个小公司了？”

“玉环，她现在是啤酒公司的公关经理。”杨国忠想起了什么似的，站起身来，“我要出去下，你跟达明转告一声，有个厂商想找达明代言。”

阎玉环见杨国忠走远，叹了口气，“妹妹你不应该来找达明。”

兰轩儿看着她，吸口气下定决心地说：“别担心，我会远离他，等酒会结束，我想回重庆陪我外婆，远离上海。”

阎玉环难掩内心的欣喜，上前握住兰轩儿的手。

关渔拉着刘达明溜进琴房练唱室，将门锁上，“我想听听你对开连锁面馆的建议。”

“这个想法不错，”刘达明说，“你不都已经是我的财务管理了吗？我相信你，我比较有兴趣的是，我们一起出唱片这件事。”

“我的歌唱得不好。”

“不用担心，我会教你。”

“另外有件事，你一定要帮我渡过难关——啤酒公司要举办酒会，要我在现场演唱两首歌，你幕后代唱？”

刘达明说：“没问题，谁让我的脸长在你那里！”

六

❤

离开刘达明的豪宅后，每一个人都各怀心事回到家中。

刘达明觉得，自己离开舞台，离开他心爱的歌唱事业已经太久，对于即将和关渔出唱片的事非常在意。

回到面馆，他反复把这个敲定的消息和哈妮分享。哈妮开心极了。哈军却有些不悦，他认为刘达明既然愿意投资面馆开分店，关渔就不该节外生枝。

兰轩儿已经作了一个决定，退出这段感情，回老家重庆去。这个想法让闫刚大吃一惊。

“爸，酒会结束后，我就回重庆。关渔对我的情感已逐渐淡薄，我知道他现在心里喜欢的人是哈妮。虽然刘达明喜欢我，可是，他是姐姐的男友。我已经没有了妈妈，不能再多失去一个亲人了。”

闫刚松了口气，原来是为了这个。他心里甚至有些埋怨兰轩儿的软弱，他能体会得到，作出这个决定的兰轩儿，内心是多么难受。任谁要放弃一段感情，哪怕从来没有正面承认过，但感情就像在心里生了根，拔掉难免会撕心裂肺地疼。

他坐在兰轩儿的身旁语重心长地说：“事实上，关渔既然已经移情别恋喜欢哈妮，那么达明追求你，你也不需要畏首畏尾地逃避！其实，你也不需要考虑到阎玉环的感受，感情的事太难说了。”

“我做不到，”兰轩儿摇摇头，“以前，我不会在意阎玉环的感受，但现在……”

闫刚警觉地坐起身来，“是不是阎玉环威胁你？有我在，你不用害怕！”

“没有，是我自己决定这么做的。我离开上海，刘达明会对我死心。或许，他对我的喜欢只是短暂的，见不到我的人，就会逐渐淡忘，但是我多了一个亲人不是吗？”

“轩儿，你喜欢他、爱他，我不想看到你压抑自己的情感，独自回重庆，默默地一个人去承受心里的苦。因为我突然从你身上，看到了当年……”

兰轩儿眼眶里泛着泪光，低下头，“爸爸，我没有这么伟大，其实我只是想回重庆陪我外婆，毕竟我来上海也有好长一段时间了。”

Chapter 13

找到最适合的自己

永远不要忽略身边的人，你身边那些看似平凡的人，也许只缺少一个舞台。把他们挖掘出来，会是你人生最大的助力。

天赋非但存在，而且无法改变，起码地球上的科技还没有发达到这个地步。譬如，你总不能让姚明去做乔布斯的事，不管你为他做了什么，也是不行的。

一

❤

“熊牌啤酒公司酒会”隆重召开，这是刘达明自绯闻事件后，第一次在公众面前出现。记者和粉丝当然都不愿意放弃这个机会，想从这次酒会中找出点新的话题来。

兰轩儿刚要下车，关渔一把拉住她，“别着急，等会儿再下车。关渔告诉我，每到一个公共场合，先不着急出场。他说明星就必须这样，别人等你越久，越会觉得你重要！”

“关渔？”兰轩儿有点吃惊，“这理论很荒谬，我讨厌迟到的人。”

“对你，我肯定不会迟到的。”关渔深情地看着兰轩儿。兰轩儿慌乱地躲避他的眼神，这抹慌乱让关渔有些不好的感觉。车边，有眼尖的记者围上来七嘴八舌地问：“刘达明先生，这是您的新女友吗？您和阎玉环小姐是不是真的婚变了，没有跟她一起来吗？”

关渔一言不发，坚定地拉着兰轩儿走进酒会会场。

杨国忠和祝家庄看到关渔立刻迎了上来。祝家庄满脸媚笑，“达明兄，我大老远就看见这片儿有一片彩霞，我就知道是你们一对伉俪。”

“你瞎说什么！”兰轩儿一阵尴尬。祝家庄忙自己掌嘴，“抱歉抱歉，用词不当，表达错误！我老犯这毛病，哈哈……酒会马上开始，达明兄，一会儿阎董要来，还有许多大老板。您得上台唱歌，没问题吧？”

关渔无心应酬这样的小人，冷冷地给了他个闭门羹，“我不唱，你来唱啊，这样也没问题吧？”

围在一旁的众多记者一阵哄笑，趁机纷纷询问演唱会的档期问题。杨国忠挡开记者，领着二人走进宴客厅。

一个男人朝着关渔扑来，“达明，好久不见！这么长时间也不联系，有活动也不来参加，是不是把我们都忘了。”

关渔完全不认识眼前人，灵机一动，热情地抱着他，“你是我最好的朋友，在我心中，没有人能取代你！”说着他从服务员托盘中端起两个酒杯，递一杯给男人，“来，祝我们友谊天长地久！干杯！”

“达明，咱们滑翔飞机俱乐部下次试飞的时候一定叫你！”

关渔刚喝的酒差点喷出，看着男人的背影：滑翔机试飞？

一个身材窈窕的美女幽怨地靠过来，“达明，你最近怎么不理人家了？去年我们一起海岛旅行的照片，你还没传给人家。”

“照片？”

美女趴到关渔肩膀上，低声说：“你可千万不能去修电脑，太危险了。”性感美女暧昧地眨了眨眼，端着酒杯离开了。

“走，我帮你介绍有钱的大老板认识！”杨国忠拽着关渔。关渔看着杨国忠，“你每天想的都是不停地赚钱赚钱，钱有那么重要吗？”

“你看这些来来往往的人，这帮人看起来客客气气，多么有感情，其实骨子里势利得很，咱们要是没点儿名气，谁会想跟你做朋友？你没名没钱，连这道门都进不来！”

此时匆匆赶来代唱的刘达明被保安拦住，索要邀请函。刘达明着急地只能打出招牌，“我是刘达明的朋友！”

保安轻蔑地指着众多粉丝一笑，“他们每个都是刘达明的朋友，我能让他们进来吗？”

一辆豪华大轿车停在门口，好几名保安恭敬地上前打开车门，阎刚和阎玉环下车走向门口。阎玉环见到关渔有些意外，“你怎么会在这里？”

“达明要我参加，忘了给我邀请函。”

阎玉环一笑，示意保安放行。刘达明看到阎玉环脖子上，自己送的那条紫色丝巾，情不自禁地说：“你对这紫色丝巾似乎是情有独钟啊？”他径直走进酒会大门，阎玉环摸着丝巾，怔怔地看着他熟悉的背影。

关渔焦灼地正四处张望，看到刘达明，立刻低声抱怨道：“喂！等半天我还以为你不来了。”

“你还好意思说，我没邀请函，差点连门也进不来。要不是遇到阎玉环，我还跟门口那帮粉丝一样，只能在门口呐喊呢！”

阎玉环看到“刘达明”，丢下父亲跑了过来，她格外温柔地告诉“刘达明”，这样的小型演唱会，不用费嗓子，对口型就可以了。

关渔兴奋极了。

刘达明在洗手间洗手，照着镜子，摸着自己的脸，少顷，关渔告诉他可以对口型的消息。

刘达明跟关渔交头接耳地说：“那我是不是可以走人了，我不想待在这种地方。”

“不，别走，我帮你介绍些人认识，以后也许可以帮得上忙。”

刘达明伸手摘下关渔的领带，帮他重打，边打边说：“以前我最痛恨应酬，现在反而觉得需要了，世界真够奇妙的。”

关渔一愣，笑笑道：“是吗，要不，待会儿我请你上台，向所有人说明真相？”

刘达明摇摇头，他知道，即便这么做，也没有人会相信他们的话，只会把真相当成炒作，或者一个笑话。他想的是，有一天，会再凭自己的实力，重新站上舞台成为巨星，让所有粉丝为自己疯狂！

远处传来杨国忠的叫喊：“达明！达明！你在哪儿？”

刘达明皱皱眉头，“一听到这叫声我就讨厌，真的很想冲出去扁他！”

关渔深有同感地点点头。

杨国忠气急败坏地跑过来，“气死我了！工作人员匆忙，没带你要对口型的CD，我已经找人火速去拿。”

看着他离开，刘达明思索着说：“我看这事有些蹊跷。杨国忠这个人，做事谨慎得很，怎么会犯这种低级错误？我感觉他有点存心搞鬼！”

杨国忠把阎玉环拉到一旁把一张CD拿给了阎玉环。阎玉环不耐烦地推开，“你一会儿说没拿一会儿又拿了，在搞什么鬼？”

“其实，有了错误，不是坏事，可以让他警惕。你现在过去把CD递给他，让他知道，谁对他最好，是谁帮他处理善后——当然是你跟我，而不是兰轩儿。”

祝家庄拿着无线麦克风走上台，“各位先生女士大家好，欢迎尊贵的嘉宾光临熊牌啤酒公司为了上市所举办的酒会！众所周知，我们熊牌啤酒公司一向注重品牌，客户群偏向年轻化，所以，我们请了刘达明先生为我们代言后，销售量大增！今天，我们有幸请到天王巨星刘达明，为各位尊敬的贵宾演唱，请大家以热烈的掌声欢迎刘达明先生！”

杨国忠和阎玉环一起失色——这下玩大了，他们飞速地朝后台奔去。杨国忠恨得牙根痒痒——这个祝家庄就是报复，连开场白和垫场都没有，就直接把刘达明推了上去。

关渔拿着麦克风走上台开始演唱，歌声让两个人停下了脚步。歌声优雅，嗓音和腔调没有任何的问题，难道说达明的嗓子恢复了？

“这歌声，我太熟悉了！”阎玉环停下脚步，陶醉地看着台上的关渔。杨国忠难耐心事地往后台走去。他推开后台的门刹那，看到舞台幕布后有人影，悄悄地走过去，发现竟然是“关渔”。“关渔”陶醉地唱着。一曲结束，前面观众热烈的掌声响起。

“关渔”和舞台上的关渔一样陶醉地弯腰答谢，回身看到了杨国忠，两人惊讶地对望。

二

阎刚为缓和家庭错综复杂的关系，在“刘达明”演唱结束后，特意为他庆功。他为了让气氛活跃起来，大赞刘达明的歌声不俗，未来星光无限，表示愿意出钱，让他开办个人演唱会。

关渔看着阎刚，和坐在他身边的兰轩儿以及阎玉环，觉得自己浑身不自在。这种场面犹如三堂会审，而自己就是那个可怜的犯人。听到阎刚的建议，关渔连忙拒绝，他不想和阎刚有过深的牵涉。

听到刘达明对个唱不感兴趣，准备开办连锁面馆的时候，阎刚的脸色颇为奇怪。他诧异地询问刘达明，什么时候对做生意有了兴趣。不过，他对这个计划表示赞成。在他看来，唱歌就是吃青春饭，明星不过是一时风光。将来不管是自己的哪个女儿和他生活在一起，还是有点产业，才会让生活更加有保障。

阎玉环看到兰轩儿沉默不语，心中得意自己“以柔克刚”的策略有效了。她夹起了一个虾球，放进了关渔的碗中，神态很是亲密。

阎刚看了看兰轩儿，她脸上没有什么表情，只是垂着头，吃着眼前的菜。阎刚询问兰轩儿：“轩儿，你怎么不说话？”

阎玉环拉住兰轩儿的手，亲密地说：“轩儿跟我不会有什么心结。爸爸，我们血浓于水，是亲姐妹，过去的事情都是记者制造出来的风暴，不会影响到我们的感情。轩儿也不会再继续影响我和达明之间的感情。”

关渔想要反驳，却不知道该说些什么。阎刚看到这一幕，老怀大慰。

杨国忠纠缠着找到了刘达明，非要请他吃饭。饭桌上，他拉住刘达明不撒手，眉飞色舞地夸奖道："我真没想到，你的歌声这么好！我终于见识到打工皇帝泔水哥的实力，在面馆打工实在太屈就你了。"

刘达明见杨国忠还是过去的老一套说辞，淡淡一笑，"生活的体验越多，对我诠释歌曲的能力会越强，这个跟拍戏是一样的道理，只有真正地感受到生活的酸甜苦辣、悲欢离合，才能够将剧中人的情感表现得淋漓尽致。"

杨国忠意外地看着他，"你懂得不少，不敢想象你只是个面馆打工仔！你知道吗？当年刘达明就是我一手栽培出来的！想不想跟我签约？我能保证你跟刘达明一样红！"杨国忠说完，刘达明终于忍不住笑了出来，他一挑眉毛，"我会去参加全国性的歌唱比赛《快乐男声》，那对我来说，比跟你签经济合约来得有诱惑力！"

杨国忠心里大吃一惊，能够拒绝刘达明经纪人的新人，他还没见过！他的口气很狂妄，让杨国忠有种似曾相识的感觉。他知道，再勉强下去也不会有结果，况且，他有更重要的事情去找阎玉环。

阎玉环给了杨国忠少有的真心笑脸，"感谢你教我以柔克刚的方法。我照你的话去找过兰轩儿，压抑我内心的怒火，刻意用姐姐的身份跟她示好，在她面前装出悲情的低姿态，让她产生内疚感，主动退出。"

杨国忠苦涩地笑了笑，"我今天到后台，发现个惊人的秘密！"

"什么秘密？"

"达明在酒会歌唱得那么好，不是因为嗓子好了，而是有人在布幕后代唱！"阎玉环不敢相信，"达明的歌声我太熟悉了！谁能替代？"

"关渔！面馆那个打工仔！我没有想到他的歌声竟然那么好，想跟他签约，这样一来以后达明开演唱会再无后顾之忧，他也不敢将这事泄露出去；二来是万一达明甩脾气不配合，我就想办法将他捧成另外一个天王巨星！"

"你真是狡猾的狐狸，他答应签了吗？"阎玉环探身问。

“没有，但只有刘达明才会拒绝我的签约！”

阎玉环心提了起来，她听出了杨国忠话中的意思。杨国忠似乎回忆一般，缓慢地说：“我在来这里之前，在车上一直思索，达明的嗓子怎么会变成这样。他出院后，一些举止行动变得完全像是另外一个人，甚至在兰轩儿的家楼下做出那种幼稚的事。你想想看，达明出车祸的同时还有另外一个人，那就是面馆的关渔——会不会是我在医院认错人了？当时他脸上血肉模糊，加上我心慌意乱，没有去仔细地辨识。”

阎玉环突然惊恐地尖叫道：“那个关渔才是真正的刘达明！”她似乎不接受这个结论，恐惧而疯狂地摇着头。

刘达明此时正跟关渔说杨国忠发现自己代唱的事情。关渔认为，这说不定是个好事，以后可以名正言顺，不用再遮遮掩掩了。

刘达明却没那么轻松，“他这种鬼灵精，恐怕会怀疑到我。”

“不过，那也仅止于怀疑。对我来说，减少了一分压力，他是我的经纪人，他不可能那么笨地去拆穿。”

“不错，目前你还是他的摇钱树。”刘达明笑了笑，他实在太了解杨国忠了。

三

兰轩儿的行李放在门旁，人呆呆地坐在化妆台前。这次到上海，经历了那么多的事情，让兰轩儿觉得上海这个城市始终不属于自己，而自己在这里也感到前所未有的疲惫。现在，她想把一切画上一个休止符。

阎玉环打来电话，假惺惺地说要去送兰轩儿，被兰轩儿拒绝了。闫刚拎着行李箱，气喘吁吁地上了出租车。

兰轩儿对闫刚说：“爸爸，一会儿路过面馆，我想再看看关渔。”

面馆内喜气洋洋，刘达明通过了《快乐男声》海选，周六开始周淘汰赛录影。 哈妮开心地抱住刘达明又叫又跳地转圈子。兰轩儿看到这一幕，黯然地低下了头，拍了拍司机的椅背，“司机，开车！”窗外的建筑物飞快地往后消逝，兰轩儿回忆着在上海的一切，泪水缓缓地流下。

哈妮松开了刘达明，突然有些失落，“可惜兰轩儿不能跟我们分享这个快乐的时刻了。因为她已经偷偷地回重庆了。”刘达明愣了，疯狂地拨打着关渔的电话。

关渔身上穿着“超人”的衣服，刷地从腰后抽出一瓶酒，“大雕牌黄金，喝了……”话没说完，掏出了手机。导演不耐烦地喊着，“Cut，大明星，你怎么了？你有没有认真体会角色，广告也是有灵魂的！”

关渔心里咒骂着台词，接了刘达明打来的电话。兰轩儿要离开上海的消息，让他一跃而起，“阿牛，备车！”

兰轩儿坐在机场内黯然神伤，呆呆地看着不停震动的电话。闫刚一把抢过电话。电话那一端，关渔大声喊着：“轩儿，你听我说，我真的真的很爱你！”兰轩儿抢过电话，“达明，我求你不要再说了，快回到我姐姐的身边，否则，我永远都是个罪人！”

“不，我爱的人是你，我跟她在一起不会快乐，不会幸福！我现在在赶往机场的路上，我求求你，不要走！”

兰轩儿将手机关掉，拿起证件，飞快地冲往办理登机手续的柜台。闫刚拖着行李边追边喊：“别急，还来得及！”

关渔赶来的时候，兰轩儿正在办理登机牌。关渔抱住兰轩儿，在她旁边耳语道：“我不是刘达明！我是关渔！”

兰轩儿石化了，看着关渔，不知道他在说什么。

“轩儿，我们在公园里，我跌倒了压在你身上，你还记得吗？我们在湖边公园，我吻你，被你用力一推撞到石头昏倒，你还记得吗？我们在喷水池旁，我拿一千块钱给你，你跟我说，你知道哪里有个酒店，要带我去爽一下，你还记得吗？我被那芥末呛得快掉泪水，爽到说不出话，连忙猛灌水……现在你应该相信我了吧！”

兰轩儿激动得跳到关渔的身上抱住他，两个人在机场忘情地热吻起来。

杨国忠要实施自己的摸底计划，阎玉环戴着墨镜匆匆赶来，“忠哥，告诉你个消息，兰轩儿两点四十分的飞机离开上海！”

杨国忠做出一副惊喜的样子，“恭喜你啊，终于去了心头大患。唉，我们这个圈子，应该多一些她这种人，太多人把承诺当放屁。”

赵洪波打着领结端着咖啡送了过来，这是他临时找到的一份工作。关渔经历了刘达明的绯闻风波后，暂时无暇雇用这个未来的经纪人。赵洪波看了一眼杨国忠，想起了关渔给他提供的照片，马上竖起耳朵，把咖啡放下后，站在卡座后，偷听两个人的谈话。

杨国忠对关渔的怀疑，让赵洪波一惊，这影响着自己的前途。杨国忠得意于自己对刘达明的了解，对阎玉环眉飞色舞地说：“达明是左撇子，但是被我硬扭正过来，变成左右手都能用。只有两种情况，他一定是用左手——一是上台唱歌，只要是唱情歌，一定是用左手，目前这个达明并没犯这种错误；另一种情况就是他上厕所小便，是用左手拉拉链，用左手掏家伙尿尿！”

赵洪波一听，捂着嘴差点笑出来。

杨国忠和阎玉环的电话同时响了起来。接听后，杨国忠满脸吃惊，阎玉环则摔掉电话，愤怒而去！

四

兰轩儿对这件事情的态度，从不可思议，到逐渐接受。即便是再好的朋友，有些事情的细节，不是本人经历，也是无法描述得那么清楚的。排除了是关渔告诉刘达明这些来挽留自己的可能后，兰轩儿得意地说："拿扩音器向我示爱，做这种幼稚的事，我就说是你，而不是刘达明，只有你这大傻瓜才会做这种傻事！"

关渔拉住兰轩儿的手，"答应我，以后不管发生什么事，都不要离开我，好吗？"

赵洪波本以为自己立下了大功，联系了关渔后，详细地说了自己的窃听结果，发现关渔和兰轩儿异常镇静。经过了解，才发现关渔已然因为爱情，向兰轩儿坦白从宽了。三个人经过商量，得出的结果还是这件事情太过离奇，恐怕对外公布也不会有多少人相信，继续将错就错才是最简单的办法。

赵洪波翻翻白眼，再次提醒关渔，注意用左手方便，千万别被杨国忠抓住把柄。他忽然想起了什么，一脸奸诈地说："对了，我把你让我整理的杨国忠挪用资金的记录和资料都弄好了，这是可以绝杀他的撒手锏。"

杨国忠在金融危机前，挪用刘达明的定存，跟一家投行合作，进军海外资本市场，购买股票，最后投资失利，铩羽而归，损失两千多万，这是最大一大笔，还有其他零散的。以前刘达明对钱不敏感，所以一无所知，现在换上了视钱如命的关渔，才阴差阳错地暴露了出来。

关渔点点头，"洪波，我上次跟你提当我经纪人的事，你放在心上。我随时有可能让杨国忠走人，这种人留不得！”

赵洪波心满意足地点头，“那我不当电灯泡了，先走了！”

关渔和兰轩儿约定，由关渔先去应付杨国忠和阎玉环。兰轩儿突发奇想，觉得自己有必要去见见真正的刘达明。

哈妮看到兰轩儿，笑了起来，“达明还是把你追回来了。”这个丝毫没有心机的女孩，脸上洋溢着的纯净笑容让兰轩儿心情格外舒服。

刘达明在家里练唱，准备参加《快乐男声》的淘汰赛。兰轩儿将他约到了一家咖啡厅，对着他伸出手，“关渔，不，我应该称呼你一声刘大哥，谢谢你。”

刘达明潇洒地伸出手，和她握手，“我觉得你现在还是叫我关渔，比较妥当。”

“这真是件令人难以适应的事——过去我熟悉的一张脸，如今却变成了有些陌生的灵魂；而达明那张陌生又有点熟悉的脸，骨子里却有着我熟悉而热爱的灵魂，真是一件奇妙的事。”

刘达明端起咖啡，喝了一口，微笑着俏皮地说：“那么，你究竟喜欢熟悉的外表，还是灵魂？”

“我爱他，到今天我才发现我是如此深爱着他，我自己都非常惊讶这种爱的力量，超越了我对姐姐阎玉环原来存有的内疚，所以我决定继续留在上海。我不能让我所爱的人失望，但我可能让我的亲人阎玉环因此而痛恨我。我很彷徨，所以来找你。”

刘达明语重心长地说：“你姐姐玉环，是典型的天蝎座，具有敢爱敢恨、爱憎分明、有仇必报的个性，加上被宠爱惯了，你如果不能好好地跟她相处，恐怕你以后的日子很难过了。”

兰轩儿惊讶地看着他，“是吗？我见了她几次面，她不像是你形容的那种样子，温文有礼、楚楚可怜，所以让我有种很内疚的感觉！”

“楚楚可怜？”刘达明不觉哈哈大笑起来，“你看到的不是她真实的一面。她会在你面前这样表现，是希望你自动放弃刘达明。为了达到某种目的，她可以隐忍，一旦她恼火，那就非常可怕，根本无法预料她会做出什么事来。”

没过多久，兰轩儿就见识到了真正的不加掩饰的阎玉环。

她走回家去，在楼下看到了焦急张望的闫刚，心中一暖。远处一辆豪华跑车呼啸而来，阎玉环坐在车内怒视前方的兰轩儿，猛踩油门，闫刚猛力拉开轩儿。阎玉环突然刹车，车辆飘移着滑向父女俩。兰轩儿尖叫一声，闭上眼睛，跑车在两人之前不到一米处停下。

阎玉环打开车门走到兰轩儿面前，嚣张地扇了兰轩儿一耳光，“兰轩儿，你耍我？”

闫刚像护着小鸡的母鸡一样，拦在两人之间，“玉环，你怎么一来就打人？”

“走开，要不是我爸爸可怜你，你能当副总？”阎玉环盛气凌人地去推闫刚。兰轩儿忍不住冲上前，“闭嘴！你别侮辱我爸爸！”

“我喜欢，怎么样？”兰轩儿一把抓住她的手腕，“看在你是我姐姐的分上，我不跟你计较。如果你敢再动手，你试试看！”

阎玉环不屑地说：“我才没有你这种妹妹！你刚才不是说了吗，别侮辱你的爸爸，你爸爸是我爸公司的清洁工头！不知道你们父女怎么联合骗我老爸，竟然相信你是我同父异母的妹妹！”

闫刚实在忍无可忍，上前愤怒地抽了阎玉环一耳光，“我真替阎老二感到悲哀，竟然会有你这么个不识大体的女儿，亏你还是在美国喝洋墨水的海归！”

觉得受了莫大委屈的阎玉环，找了家酒吧喝闷酒。一个帅哥走到她面前，微笑地看着她，阎玉环脱口而出说：“李大卫？”

李大卫径自坐下，“我从美国回上海已经有一个多月了，在报纸上看到了许多你和刘达明的新闻。怎么，你跟那个大明星闹矛盾了？”

突如其来的关心，让阎玉环不适应。这个在美国时的男友，后来移情别恋爱上一个台湾女孩。对于这个自认为帅气逼人的李大为，阎玉环现在从心底厌恶。在她的心中，如今只有刘达明。

李大为摆出个自以为有型的造型，“我和她分手了。”

阎玉环一阵冷笑，难道他以为自己是什么样的女人，当初移情别恋，说走就走，现在被甩了回来想让自己接受？见鬼去吧！

阎玉环看着他摇头，端起酒杯，一饮而尽，“我阎玉环从来不吃回头草，如果你想陪我喝酒，可以；如果你想劝我跟你在一起，重新来过，我没兴趣，请你离开。”

李大卫尴尬地苦笑，拿起酒瓶帮她倒满了酒杯。

关渔泡在泳池里，仰望着星空。白天的一切，让他感到越来越轻松愉悦，嘴角不由自主地露出微笑。

杨国忠脸色难看，“你中午离开片场，到底怎么回事！还把我这个经纪人放在眼里吗？”

关渔恼火地从泳池中爬上岸，“以后你要是再给我接这种烂广告，我还是不会拍。以后所有资金管理，我自己负责，我不会处处听你的。今天的事我是有点儿过分，那是因为我有重要事要处理。你别老指着我鼻子发火，懂吗？”

杨国忠不以为然，冷哼一声，“别说得那么好听，有重要的事，还不是为了个女人！”

“你也别说得那么好听，你还不是为了我的钱？”

“达明，翻脸不认人？没有我杨国忠，你有今天吗？”

“那又怎么样？我让你做的白工吗？你抽佣，吃回扣，给我接那个烂广告，广告商得付你多少钱？别装出一副仁义道德的模样。”

杨国忠知道事情败露，转眼间成了跳梁小丑，“那我倒看看，今后没有我杨国忠，你能怎么办！”

关渔披着浴巾走向客厅，“管家，送客！”

花园泳池旁一片寂静，水光荡漾，关渔在休息椅上仰望星空——已经找回了兰轩儿，但家人呢？难道说，我这一辈子跟家人就宛如陌生人一样吗？

一阵不协调的高跟鞋声传来，阎玉环摇摇晃晃走来，在他面前差一点跌倒。关渔伸出手扶住她的腰。玉环吃吃地笑，“亲爱的，我是不是喝醉了？”

关渔将她扶坐在休息椅上。阎玉环搂着他的手臂，“亲爱的，你爱我吗？”

关渔站起来，回避着她，踱步到泳池旁，望着池水。玉环上前拉着他，“我求你，不要再伤害我好吗？你知道看见报上刊登着你和兰轩儿在机场接吻的照片，我的心有多刺痛吗？”玉环边说边摇晃地走着，“我在想，人死了，心是不是就不会再痛了。”

她扑通一声，跳下泳池。关渔立刻跳进泳池，抱着她，将她拉到池边喘息，难过地说：“抱歉，我对不起你，玉环，我不该伤害你。”

阎玉环紧紧地抱住关渔，亲吻着他，片刻后，在他的臂弯中睡去。关渔抱着喝醉的阎玉环从楼梯走上来，拿条大浴巾裹住一身湿透的阎玉环。阎玉环嘴中梦呓地说着：“达明，我爱你……好冷……抱着我……”

月光下，阎玉环双手握着关渔的手睡着了。

Chapter 14

另一种灿烂生活

自信是一剂猛药，可能给你征服的力量，也可能让你出丑。自信的事情中途转弯，会酿出最猛烈的车祸。

接受一段感情，远远不止说一句I DO，它可能会给你带来无数生活上的I NO！甚至MY GOD！

一

杨国忠走后，关渔决定结束和杨国忠的雇佣关系。这是颗定时炸弹，早点解决更为省心。他让赵洪波早早地来到别墅，将他介绍给自己的手下。并要管家告诉杨国忠，要求他将挪用的资金尽快地作个了结。

赵洪波上任后的首个合同，来自于《快乐男声》的主办方。对方邀请“刘达明”出任评委。关渔告诉赵洪波，钱不是问题，不给钱都得去，因为里面有个选手——叫“关渔”。

刘达明这时来到别墅中，与关渔相互握手。对杨国忠被开除的事情，刘达明无所谓地耸耸肩，他来找关渔是有更重要的事情。关渔的爸爸从长沙来到了上海，是为儿子打气的。刘达明对关渔得意地说：“你猜，你爸爸想不想关渔拿到全国总冠军？”

阎玉环早上醒来的时候，发现“刘达明”出去了。想起昨晚被闫刚打了一巴掌，阎玉环怒火难平，气势汹汹地来到阎刚的办公室打算兴师问罪。

阎刚淡淡地说：“他是公司的副总，爸爸二十几年的朋友。他不会无缘无故打你，你怎么会跟他发生纠纷？是不是你打了你妹妹兰轩儿？”

“我没有这种妹妹，三番两次地和我的未婚夫闹绯闻，现在还抢了我的未婚夫！”

阎刚忽然哀伤地走到阎玉环面前，“玉环，你跟达明感情的事，爸爸没办法管。但你要记得，兰轩儿是你的亲妹妹，这是无法改变的事实。不要伤了姐妹的情感，你明白吗？”

“他们父女俩居心叵测，一定是觊觎我们家的财产，你别被他们父女俩骗了！”

“他们不是你想象中的那种人。”

“我才不信，兰轩儿跟她妈，为什么以前没来找你，没来跟我们阎家认亲？可能吗？我才不信那个小三儿会那么笨？”

“你别老把‘小三’挂在嘴边。”阎刚面色苍白，用央求的口吻求着女儿。

“她本来就是‘小三’，我说错了吗？”阎玉环刻薄地把话顶了回去。阎刚猛然地捂住胸口，踉跄着扶住桌子，急促地喘息着。

这下可把阎玉环吓坏了，闭上了嘴。阎刚急忙回座位拿出药吃下，情绪稍缓，虚弱地说：“玉环，我跟兰轩儿她妈的事，不是三言两语能说完的。但兰轩儿是你亲妹妹，我也告诉她要珍惜姐妹的情感。你如果刻意地去破坏伤害姐妹的情感，造成无法弥补的裂痕，那我一辈子都不会原谅你！”说完瘫倒在沙发上。

刘达明紧张了，在《快乐男声》现场比赛的前夜——他做了个噩梦，梦见自己在舞台上失声了。浑身冷汗的他呐喊着醒来才发现，原来自己对于这次比赛如此看重。

被惊醒的哈妮担心地跑过来询问刘达明怎么了。刘达明擦擦汗，平静了一下心情，说做了个噩梦。

“亲爱的，别紧张，明天就要比赛了，快睡吧！”哈妮用柔软的小手抚摸着刘达明的头发。

“再喊声‘亲爱的’好吗？”

哈妮顺势害羞地躺在刘达明怀里，“有件事我一直想问你。兰轩儿从机场回来后找你，你们两人在外面谈了什么？”

“她呀，正式跟我分手。”

哈妮欣喜若狂地抱着刘达明，“我太开心了，我终于能浮出台面了，我终于不需要躲躲藏藏，可以当你正式的女朋友啦！”

“正式的女朋友？”刘达明斜睨她，话锋一转，“你知道对我来说，什么是正式的女朋友吗？”

刘达明抱着哈妮在她耳边轻声耳语。哈妮红了脸，偷偷瞄向哈军的门口，然后下定决心似的牵着刘达明的手，“走吧，小声点。”

“干什么？”

“到我房间，我要当你正式的女友！”

刘达明一笑，“不！等我拿到冠军，你再做我正式的女朋友！”

二

❤

《快乐男声》大幕缓缓拉开，现场爆发出了雷鸣般的掌声。主持人宣布，一年一度的《快乐男声》，将要展开最为激烈的淘汰赛。

关渔坐在评委席上，向着观众挥手致意。现场响起热烈的掌声，歌迷粉丝们尖叫道：“刘达明，我爱你！”主持人走向关渔，“请问达明，你曾经得到最佳歌手的大奖，在你心目中最佳歌手应该是什么样的标准？”

“歌声是世界上最感性的声音，我心目中的最佳歌手，并不需要多么华丽的演唱技巧，关键是有个纯真的灵魂！能打动我，能打动所有的观众，能震撼整个歌坛。”

幕布后穿着帅气的刘达明也不停地看表，他的手心里写着哈妮的名字。听到前面喊出了自己的名字，刘达明深深吸了口气，对自己说：“一切重新开始，你一定还能创造出奇迹！”

观众席上，哈妮、哈军和关渔的爸爸同时站起来，为出场的刘达明呐喊，上了年纪的关渔爸爸显得异常醒目。刘达明对着三个人送去了一个微笑，心中微微发暖。

主持人开始插科打诨，“18号选手台风稳健，也是网络红人，号称‘打工皇帝’的泔水哥，关渔。资料上说你现在还在面馆工作？”

“是的，不过今天我们面馆打烊，哈总、我女朋友哈妮，以及我深爱着的父亲，都在台下帮我加油。”

灯光变暗，音乐声响起，聚光灯投至刘达明身上，哈妮、哈军和关渔爸爸屏息等待，刘达明表情充沛，天籁般的歌声传出，全场惊叹。

主持人惊喜地看着刘达明一曲唱毕，立刻走上前，“各位观众朋友，18号选手关渔，唱得太好了。”两个评委立即给了绿灯。

主持人看向关渔，“您是最关键的一票，决定关渔能否过关。”

关渔拿起麦克风，心里鼓荡着的话脱口而出道：“一个面馆打工仔，是否有资格去谈自己的梦想，我想今晚我们得到了答案。如果说这样的歌声得不到鼓励，那么我们在这里所做的一切都是无意义的。我选择，通过，恭喜你！”

哈氏面馆门口挂着“今日休息”的牌子。众人坐在一起庆祝，哈妮端着菜，坐在刘达明的身边。

杨国忠不合时宜地推门而入，“我代表芍药姐妹公司，想和你签经济合约，帮你安排演出，把你捧成比刘达明还要红的天王巨星！”

刘达明看也不看，把杨国忠的名片撕烂扔进垃圾桶。

杨国忠面色发青地走出面馆，直奔芍药姐妹公司。邵氏兄弟不敢相信自己的耳朵，草根泔水哥竟然拒绝签约。

杨国忠阴恻恻地说：“泔水哥目前正参加《快乐男声》，等到他拿到总冠军，找他签约的唱片公司一大堆，更不可能跟我们签约，就算签了恐怕也会是个天文数字！这小子不是白痴就是天才，我觉得比刘达明还要难缠！只有让他拿不到冠军，才能灭掉他嚣张的气焰！”

三

赵洪波自从成了关渔的经纪人，简直变成了杨国忠第二。刚从做评委的兴奋中恢复的关渔，大早上就被他吵了起来，通知去拍之前没拍完的广告。

“我不想拍，赔钱不就得了！”关渔不耐烦地回答。

“那可不行！虽然咱们有钱，但也不能动不动就赔钱。”赵洪波当初算计泡面钱的精神头儿又上来了，“再说，那是人家刘达明的钱。”

关渔被赵洪波卡住了死穴，只能乖乖地跟赵洪波走。去片场的路上，关渔给兰轩儿发了短信，约她来陪伴。阎玉环气势汹汹地来到片场，冷冷地走了过去将兰轩儿拉出门外。

“兰轩儿，你太得寸进尺了，你竟然敢出现在达明拍戏的现场，你是不是又想上报闹绯闻，破坏我跟达明的感情？”

“你想太多了。这个广告是我们公司的。”

“哼，我想太多了？我隐忍你太久了！表面上，你好像念我们姐妹情感，说要退出我和达明情感的纠纷，远离上海；暗地里，却不要脸地勾引达明，你以为我不知道吗？”阎玉环越说越愤怒，和兰轩儿撕扯了起来。关渔和洪波急忙上前拉开她们。两个女人狼狈地分开，头发乱七八糟，满脸泪痕。

关渔心疼地抱住兰轩儿的动作，让阎玉环再次挣脱了赵洪波，拼命一样冲了过来。

“够了！”关渔大吼，用力地打了阎玉环一巴掌。阎玉环一路跑回家中，看到闫刚坐在沙发上。所有的郁闷都发泄在了他的身上，“滚开，我们家不欢迎你！”

阎刚从厨房走出，一脸严肃地斥喝道：“玉环！到底发生了什么事？”

“我一直在隐忍，兰轩儿却得寸进尺，明目张胆地去达明拍电影的现场，故意让我难堪。我找她理论她竟然打我！”

“什么，你们姐妹竟然打起来？”闫刚吃惊地问。

“你闭嘴！我没这种不知廉耻的妹妹！”阎玉环用手将茶几上的杂志报纸杯子全扫落在地，“兰轩儿为什么会那么贱，是不是有其母必有其女？”

“你——”阎刚大吼一声，左手用力地捂住胸口，昏迷了过去。

廊道上的顶灯一盏盏而过，一盏盏暗了下去。阎刚被抢救过来推进病房。他摘下氧气面罩，脸色苍白虚弱地说：“老闫，幸亏你在，不然我这条老命，恐怕就保不住了。”

关渔和兰轩儿走进病房，阎刚情绪有些激动，“轩儿，你过来。”

看着面色苍白虚弱的阎刚，兰轩儿眼眶里泛着泪光，缓缓地走上前。

“也许，这是命中注定，要我承受这次磨难。你跟达明的事，不管怎样，我都不会责怪你们。轩儿，我只希望你明白，你跟玉环是亲姐妹，千万不要因为小事而伤害彼此的情感，那会让我痛心难过。”

阎刚伸出手，对着关渔招手，“达明，玉环被我宠坏了，她的脾气刚烈像她妈，不管你跟轩儿如何发展，别再刺激她的情绪。不然，我担心她会做出傻事。”

医生走进来，通知探望时间结束了，病人需要休息。兰轩儿和关渔起身离开。一路上，兰轩儿没有说一句话，一副心事重重的样子。关渔知道，她的心情不好，将她送回家后，没有再做逗留。他希望能给兰轩儿和自己一点时间，让两个人心情都轻松一些。

兰轩儿坐在一盏台灯下写信，两眼茫然地望着窗外。

关渔：

当你收到这封信的时候，我已经离开了上海。阎董，严格来说我应该叫他爸爸，但我始终喊不出口——因为我们，引发了他的病。我突然感到内疚，也许阎家前世欠你情债，这辈子加倍来还，才让我们两姐妹爱上同一个男人。

我左思又想，痛苦地下定决心离开上海，这样玉环的情绪就不会失控，爸爸的病情也不会恶化，唯独我可能会伤害到我爱的人。

关渔，你是我眷恋而舍不得离开的人；你是我在茫茫的上海，第一个认识的朋友和恋人。当你告诉我，你把我当成初恋女友时，我受宠若惊。至今仍忘不了，我们第一次相识的夜里，你拖着行李，投奔你舅舅时的样子……当你在机场告诉我真相，你不知道我有多开心——原来我没有去抢姐姐的男友，我爱的就是我一直爱着的你。

在片场，我好几次想告诉她残酷的事实，但却说不出口。我无法想象，当她知道这种惊天动地的变化，能否承受——她真正爱的那个刘达明变成面馆里打工的“关渔”，和哈妮日久生情。

所以，我们一起守住这个秘密，不要再伤害姐姐，请你原谅我的不告而别吧。

四

关渔站在病房门口，眼眶里泛着泪光。阎刚在熟睡，周围没有兰轩儿的身影。来换药的护士把关渔推到一边，失魂落魄的关渔没有意识到，信缓缓地飘落在地。兰轩儿的手机已经无法接通。他转身，魂不守舍地离开了医院，和赶来的阎玉环擦肩而过。

阎玉环走进病房，看到地上飘落的信纸，读完后脸上的表情从愤怒变为惊讶，从惊讶变为痛苦。她出了医院迫不及待地驱车来到面馆，拉起刘达明，把信递给了他。

刘达明只得把两个人在医院，身份被弄错的事情讲了一遍。阎玉环用手捂着脸开始沉默。她忽然问刘达明：“你知道这件事后，为什么还甘心在面馆打工，不回来找我？”

刘达明潇洒地一笑，“能体验另一种灿烂生活，我觉得没什么不好。杨国忠应该早就怀疑了吧？这件事千万别告诉他，我怕他借机勒索。虽然我已经无法变回从前的刘达明，但是我希望他留给观众的印象永远是美好的。”

阎玉环艰难地抬起手，抚摸刘达明陌生的脸，“达明，你能够再抱抱我吗？”刘达明看着她渴望的眼神，微笑着伸手抱住了她。阎玉环紧紧地抱住他，将脸靠在他的肩膀上，闭上眼睛，泪水缓缓地流下。

她知道，这应当是她最后一次来找刘达明了。她从刘达明的怀里离开，带着那股从刘达明身上传来的温热面粉的气息，神使鬼差一般开车离去。车子最终在刘达明的豪宅前停下，阎玉环无语地看着这熟悉的豪宅。如果一切都没有发生，自己根本没有遇到过刘达明，该有多好。

这就是一份孽缘，需要自己用一辈子来疗伤。

水光荡漾的游泳池旁，关渔静静地对着池边发愣，水光反射在他的脸上。他刚刚接到消息，闫刚说兰轩儿已经到了重庆的外婆家，这让关渔的内心稍微安慰了一些。

阎玉环走到他的身边，随意地坐下，用腿撩着池水，“我看到了兰轩儿写给你的信。我去找了刘达明。”

关渔轻松地笑了，他已经不在乎阎玉环怎么做了，就算恢复关渔的身份，不能被大多数人所认同，也无所谓。他不觉得还有什么，比现在的状况更糟糕。他笑笑，洁白的牙齿在月色下闪光，“你现在理解，为什么我会对兰轩儿动感情了吧，不是因为你对我不好，不够出色。”

阎玉环痴痴地看着他的脸，“我不知道我该怎么办。说真的，我真的无法接受这个事实。下午我尝试着告诉自己，面馆的‘关渔’就是过去我深深爱着的人，可抱着他没有任何激情和一丝的温暖，我脑海里全都是你的影子！”

关渔没想到阎玉环会说出这些话来。阎玉环自顾自地说了下去：“过去的刘达明，已经从你身上消失，狂妄潇洒而自我的刘达明已转变为谦谦有礼、热情洋溢而阳光善良的你，却让我更加着迷。我明白真相后反复问自己，我爱的人是过去的达明，还是现在的你？ 答案让我痛苦，我还是深深地爱你，从未改变！”

她冲上前紧紧抱住关渔，“我该怎么办？我绝对无法容忍别的女人跟我分享你的感情。我痛苦的是，我怕我会失去你，永远地失去你。我甚至奢想只要你不要离开我，我愿意跟我妹妹一起分享你的爱情。”

关渔冷静地推开了阎玉环，“对不起，我可以告诉你，这不可能。”

五

《快乐男声》的总决赛开始，刘达明一路过关斩将，已经进入了六强。闪烁的舞台灯光下，主持人手持着麦克风走向舞台中央，向观众行礼致敬：“各位观众朋友大家好，《快乐男声》经过了激烈的竞争和淘汰，目前只剩下六强，首先请出呼声最高的关渔！”

刘达明一身亮丽衣着，走到台前。现场观众热烈地鼓掌。灯光变暗，聚光灯投到刘达明身上，他用左手拿着麦克风深情地演唱。台下的现场观众陶醉地扭动身体，一曲过后，现场响起如雷的掌声。

跟现场的热度不符的事情发生了，三名评审委员，唯有关渔热烈地鼓掌，气氛有些奇怪。 这时，右边评审冷着脸，熄灭了眼前的灯。他面对镜头，侃侃而谈地说出了自己这么做的理由，“对不起，我觉得，关渔参赛以来，唱的几乎都是刘达明的歌。歌唱比赛最重要的是选手们的创作，而不是模仿秀。很遗憾我给出不通过的牌。”

左边的评审心领神会，马上举手，熄灯，“关渔，很抱歉，我的观点和黄老师一样，你，被淘汰了！”

现场观众一片哗然。刘达明站在舞台上，从发呆到最后露出一个戏谑的微笑。他想到了，肯定是有人在幕后操作这件事情，最大的可能就是杨国忠。主持人一脸沉重，“关渔，虽然比赛规则并没有限制选手是否能挑选同一个歌手的歌，但是三名评委中，有两名评委投下不通过的反对票，按照我们《快乐男声》歌唱比赛的规则，很抱歉，我要宣布——”

“等等，主持人，我有话要说！”关渔手拿麦克风从评审委员位子上起身，走到台前，“主持人，全国电视机前的观众大家好！很抱歉，我宣布退出本次《快乐男声》的评审团。因为，刚才在我的眼前演出了一幕不公平的评审判决，玷污了这场神圣的歌唱比赛！”

现场的观众起立，全场同时发出嘘声。哈妮大声喊着：“关渔，我们支持你！”接着，全场观众鼓噪地喊着：“关渔，我们支持你！”

主持人瞠目结舌地看着哄乱的现场，现场导播跳上台大声地喊着：“Cut——现场休息，制作人宣布，评审委员部分待会儿重录！”

两名评审委员尴尬地离席。关渔拍拍刘达明的肩膀，刘达明感动地说：“谢谢！”

黑暗的角落中，杨国忠接起邵氏兄弟的电话，“刘达明以退出评审团来威胁，制作人正在紧急开会。没想到刘达明会有这一招！”挂掉电话的邵氏兄弟考虑到了收视率的问题，摇了摇头，无奈地放弃了之前暗箱操作的想法。主持人再次登台，刚才的情绪似乎一扫而空，像什么都没发生过，“各位电视机前的观众大家好，18号选手关渔的歌唱，刚才引起一阵风波，评委刘达明先生，甚至扬言退出评审团。经过协商后，当初极力投反对票的黄老师已经退出评审团，由制作人亲自披挂上阵，对关渔的评选结果进行改判，结果是——”

制作人亲自走到台前，“关渔的演唱非常棒，大家有目共睹，我举牌通过！请所有喜欢关渔的朋友继续支持我们的节目。”

一脸紧张的刘达明露出微笑，台下的哈妮更是欢天喜地。主持人走上前来，“关渔，你从差点被淘汰，到突然扭转乾坤的晋级，这个过程非常戏剧化，你心中有什么感想？”

刘达明说：“我心中想说的，不再重复。我只想对所有支持我的家人朋友说声感谢，尤其感谢的是刘达明先生的道德和勇气，让我有机会继续站在这舞台上，我想要个拥抱。”

刘达明走向关渔，两人相互拥抱，台上飘下烫金的碎花。突然，哈妮冲上前大喊道：“关渔！我哥打电话来，你爸爸出车祸，送到医院急救了！”

Chapter 15

尾声

一

❤

关渔和刘达明在赶往医院的途中得知，关渔的爸爸是因为急着来看《快乐男声》途中被车撞伤的，好在只伤了脚没什么大碍。关渔和刘达明商议着，实在不行只能说出真相，反正已经有人知道，多几个亲人知道也没什么。

两个人打定主意，来到医院。关渔的爸爸斜躺在病床上，左手肘包着纱布。刘达明问："爸爸，你有没有怎样，没事吧？"

关渔的口型喊爸而未见声，有些失落地站在一边。

"我的身体硬朗得很！"警察出身的关渔爸爸爽朗地笑笑，"关渔，歌唱比赛如何？晋级了吗？"

一旁的哈妮迫不及待地插话道："晋级了，但是这过程，真的是千变万化，惊险万分！关渔唱完后，三名评委除了达明，另两名我估计被收买了，竟然举牌没通过，判关渔被淘汰。当时我真吓傻了，就在这千钧一发之际，突然达明挺身而出，向观众说，因为不公平的评审，他要退出。全场立马给那两名评审一片嘘声，闹得沸沸扬扬，不可收拾，导播停录！制作人和导播协商，决定改判关渔通过晋级！"

关渔爸爸拉着关渔的手，"达明先生，多谢你的帮助！"

"伯父，晚上你可以看电视播出，目前关渔已成功晋级三强，距离总冠军已经不远了！总冠军的奖金是一百万！"

在众人都兴奋的时候，关渔黯然地问哈军和哈妮："有兰轩儿的消息吗？"得到的答案是否定的。他心里乱乱的，离开病房想冷静一下。

走廊一端，兰轩儿提着行李看着关渔微笑。关渔惊喜地跑过去，轩儿欣喜若狂地上前抱住他。

“在电视上看到伯父出车祸的消息，我很忧心，伯父没事吧？” 关渔摇摇头，两人逐渐地分开，“没事，只是有点轻伤。轩儿，你为什么都不接我的电话，不回我的信息？”

“我回重庆陪我外婆，我想一个人静一静，抱歉。我进去看看伯父。”

医院庭园，关渔和兰轩儿两人静静地走着。关渔叹气，爸爸出车祸，自己却不能坦然地在身边照顾，这种感觉真是难受。

兰轩儿回避关渔的眼神，走到一旁休息椅坐下。

关渔开口告诉兰轩儿，“阎玉环已经知道实情，我不是她爱的真正的刘达明。轩儿，你没必要为了她而逃避我！事情没你想得那么复杂，感情的事很单纯，你远离上海，并不能改变什么，我不可能跟阎玉环有什么结果，因为我爱的人是你。我可以答应你暂时敷衍应付阎小姐，不让你爸的病复发，但是，我不希望你用逃避的心态面对我，可以吗？”

另一个病房内，闫刚和已经康复很多的阎刚在聊天。

李大卫提着水果篮，走进病房，“我听说伯父住院。我在美国跟伯父见过两次面，于情于理我应当来探望您老人家，伯父，您说是吗？”

阎刚淡然地点头，闫刚好奇地问：“阎老二，这位是？”

“他叫李大卫，是以前玉环在美国的男朋友，大卫，怎么会回上海？”

“我这次回来，主要是要向玉环忏悔，请她原谅我的错。”阎玉环面无表情地起身，径自走出病房。闫刚点头，看看有些尴尬的李大卫。

“你是不是犯了男人常犯的错？”

李大卫尴尬坦然地点头，“伯父，事实上，我还有重要的事告诉您，之前玉环在美国就曾经过度饮酒、情绪不稳定。医生说她有偏执和抑郁症。我最近见过她，担心她旧病复发。”说完就追了出去。

二

♥

紧张的《快乐男声》三进一总决赛终于在情人节那一天开始了。最终角逐的三位选手：一位是从复活赛胜出的选手齐飞，第二位是短信得票数最高的选手曾雷仁，最后一位选手是网络红人“泔水哥”关渔——由于他诠释天王巨星刘达明的歌曲非常传神，网络上称他为“刘达明第二”。

刘达明走上舞台，向观众挥手致意。选手齐飞的演唱过后，关渔的灯灭了。主持人走上台来，“齐飞，非常抱歉，有位评审委员举了没通过的牌。根据规则，三位评委只要有一位举牌没通过，你就被淘汰。除非最后一位选手关渔唱完歌之后，评委中有人举没通过的牌，那么你才能跟他做最后一轮的PK。”

主持人问上场的刘达明，“今天你唱什么歌？”

“要唱一首原创的歌，歌名叫《另一种灿烂生活》。”刘达明说完后，感觉自己的状态前所未有地良好，曾经过去的一幕幕，历历浮现在眼前。曾几何时，自己功成名就，但对生活逐渐失去了乐趣。他苦苦地挣扎，靠和那些美女短暂的情缘维系着自己内心最后一点快乐。偶然的这次车祸，让他能够体会另外一种人生，虽然艰苦，可是体味到了不同的风景。

这是刘达明自从成名后，真正用心谱写的一首曲子，当他把它完成的时候，觉得自己的人生再也没有任何的缺憾。哪怕自己不能得到这次的冠军，能让更多人听到这首歌，他也觉得十分圆满。

刘达明眼中交织着憧憬和泪花，彻底放松自己，投入到了深情的演绎中。那是从内心发出的堪比天籁的声音，整个现场没有了喧嚣，只剩下这一个声音。

坐在评审委员席上的关渔认真地听着，随着歌声，过去的种种也一一在他眼前浮现。一滴眼泪从他的脸颊滑落。关渔的心里，有一个信念在不断增强，只要能用心去对待生活的种种磨难，生活终究会回馈给你灿烂——无论暂时会有多少困难和困惑，让你举步不前，只得徘徊。

刘达明唱完。几分钟后，现场的掌声才响了起来，像波浪一样，逐渐递增，最后势不可当。

主持人声音洪亮地宣布："通过！第二位也是通过！好，最紧张的时刻来到，只要达明先生通过，那么，关渔，你就是《快乐男声》全国总冠军的得主。"

刘达明紧张地看着关渔。突然，关渔面前的灯灭了。众人一阵惊讶。坐在观众席上的哈妮呆住，喃喃地说："天哪，怎么会这样？"齐飞欢天喜地地站起来。

关渔低头看向自己的按钮，大喊一声："抱歉！我刚才泪眼模糊，我按错牌了，通过！"众人一阵哄笑，紧张的刘达明终于露出微笑。观众席上的哈妮兴奋地大喊："关渔，我们结婚吧！"

刘达明家的别墅内一片欢歌笑语。气球彩条布置着浪漫的气氛，餐桌上摆满了水果和香槟酒杯。众人高举着酒杯，大声欢呼："恭喜关渔！情人节快乐！"

哈妮难以抑制快乐的心情，大喊道："轩儿，我提议在今晚七夕情人节，每人都对自己喜欢的人，发表情人节感言，好不好？"

"好呀，关渔听到没有，哈妮在等你情人节特别礼物呢！"

刘达明走到一旁，拿出预备好的玫瑰花束，来到哈妮面前，"今晚情人节，我又拿到了冠军，决定向我的小公主求婚！"

哈妮一愣，惊喜地看着刘达明。"我反对！"哈军站起来，"你们都有男女朋友，就我一个人落单！哈妮，我就说我不该来。拜托，我能发表什么情人节感言？”

一旁招呼客人的管家一听，媚眼看着哈军。阎玉环闯了进来，所有人脸上的笑容消失了。管家大喊一声：“老大！李大卫先生到！”

门口，李大卫手捧着一束玫瑰花，走向阎玉环，“情人节快乐！玉环，这是我送你的玫瑰花，希望你能够原谅我当年一时糊涂所犯的错，我真诚地向你忏悔！玉环，我真的很爱你！我希望以后每年的情人节，我都能陪伴在你身旁！”

阎玉环怔怔地看着李大卫。李大卫掏出了首饰盒，打开，是只钻戒，闪闪发光，“如果你能原谅我，请接受我的求婚！”

众人一阵惊讶，关渔缓缓地鼓掌，带动着众人的掌声，经久不歇。

李大卫真诚地看着阎玉环。阎玉环定定地看着李大卫，缓缓地转头看向关渔。关渔微笑地竖起大拇指。

阎玉环苦涩地看着关渔，终于露出了微笑。

一束鲜花放在兰雨荷的墓碑前。兰轩儿跪在妈妈坟前，“妈，女儿来看您了。”兰轩儿转头看向阎刚，阎刚眼眶含泪，扑通一声跪在坟前，“雨荷，听女儿说，我才知道你先我一步走了。我阎刚这一辈子最对不起的两个人，一个是我二十几年的老友老闫，另外一个就是你！请你原谅我当年的懦弱，不敢追求自己真正爱的人，雨荷，我对不起你！”

站在一旁的闫刚和外婆缓缓点头。外婆眼眶含泪，“女儿，妈看到了阎刚真诚的忏悔，你就原谅他吧！妈妈唯一心安的是，轩儿和她的亲生父亲阎刚父女相认了。他们今儿个来到你的坟前祭拜，希望你在天之灵，能够保佑他们父女俩，平平安安、顺顺利利！”

闫刚眼眶一红，难过地说着：“阎老二，我把女儿还给你了。”

兰轩儿转头看着闫刚，双手抱着两个父亲掉泪，“外婆，我现在感觉很幸福，因为我有了两个爸爸！”

三

❤

清早，哈军穿着整齐地走在去往西餐厅的街道上，“哈妮，你可好！你跟关渔还有轩儿刘达明他们出去玩，就把你老哥给撂下？你们都一对对，就我孤孤单单的，还怪你老哥交不到女朋友。”

哈军走到门口，正好和女编剧倪红交错而过。倪红的高跟鞋一滑，哈军眼明手快，伸手上前将其揽入怀中。两人时间暂停，四目相对。

“小姐，你没事吧？”

“哇！好结实温暖的胸膛！”

“哇，好柔软白皙的皮肤！”

两人对望一笑，并肩走进西餐厅。

蓝天白云下，海水荡着微波，关渔、刘达明、哈妮、兰轩儿穿着泳装在沙滩上玩沙滩排球。球滚出后，哈妮去捡球突然停下来，大声尖叫——三人一愣，关渔关切地问：“哈妮，你怎么了？”

“天哪，我哥哥哈军交女朋友了！”

话刚说完，远处传来哈军的吆喝声，“喂——我来了！”

远处的木栈，哈军和女编剧倪红并肩而来。哈军兴奋地奔向他们，“我告诉你们，我女朋友是个编剧，她写了一个非常有趣的电影剧本，我保证你们听了一定会拍案叫好！有两个年轻人，一个是大学刚毕业，一个是天王巨星，结果有一天，他们在人生的十字路口偶遇发生小摩擦。就在这时发生车祸！从此，两人的命运发生天大的逆转——因为整形失误，两人互相变换了身份！你们说这故事——”

刘达明和关渔两人不约而同地脱口而出，“不可能！”

“怎么可能有这种事！”兰轩儿说。

“这简直是天方夜谭！”哈妮说。

刘达明和关渔对望一愣，转头一看，一旁的阳伞下，神经错乱的杨国忠对着十几岁的小男孩说：“我是有名的经纪人杨国忠，我能把你捧成像刘达明一样的天王巨星！”

刘达明和关渔对望一眼，众人不约而同地爆笑。